方法力

刘彬彬 · 著

为有源头活水来

解决任何问题的方法都不是固定的，
有一颗聪明的头脑和活跃的思维，
才是最重要的

中国出版集团 现代出版社

图书在版编目(CIP)数据

方法力：为有源头活水来 / 刘彬彬著. —北京：现代出版社，2014.2
(2021.3 重印)

(身心灵魔力书系)

ISBN 978 - 7 - 5143 - 1978 - 1

Ⅰ. ①方… Ⅱ. ①刘… Ⅲ. ①方法论 - 青年读物②方法论 - 少年读物

Ⅳ. ①B026 - 49

中国版本图书馆 CIP 数据核字(2014)第 029951 号

作　　者	刘彬彬
责任编辑	王敬一
出版发行	现代出版社
通讯地址	北京市安定门外安华里 504 号
邮政编码	100011
电　　话	010 - 64267325 64245264(传真)
网　　址	www.1980xd.com
电子邮箱	xiandai@ cnpitc.com.cn
印　　刷	河北飞鸿印刷有限责任公司
开　　本	700mm×1000mm　1/16
印　　张	11
版　　次	2014 年 2 月第 1 版　2021 年 3 月第 3 次印刷
书　　号	ISBN 978 - 7 - 5143 - 1978 - 1
定　　价	39.80 元

P 前 言
REFACE

　　为什么当代的青少年拥有幸福的生活却依然感到不幸福、不快乐？怎样才能彻底摆脱日复一日的身心疲惫？怎样才能活得更真实快乐？

　　对于每个人来讲，你可能是幸福的、满足的，也可能是不幸福的。因为你有选择的权利。决定你选择的因素只有一点，那就是你是接受积极的还是消极心态的影响。而这个因素是你所能控制的。

　　你是否觉得烦恼、孤寂、不幸、痛苦？你是否感受过快乐？你是否品尝过幸福的味道？烦恼、孤寂、不幸、痛苦、快乐、幸福，这些都是形容词，而所有的形容词都是相对而言的。没尝过痛苦，又怎知何谓幸福的人生？总是到紧要关头才发现，幸福早就放在自己的面前。人的幸福，是人们对它的理解和感觉所赋予的，其实，幸福与否只在于你的心怎么看待。不幸又岂非人生之必经？有时候很奇怪，每每拥有幸福的时候，人往往不懂得这些就是幸福，总是要到失去以后才发现，幸福早就放在了自己的面前。

　　肚子饿坏时，有一碗热腾腾的面放在你眼前，是幸福；累得半死时，有一张软软的床让你躺上去，是幸福；哭得伤心欲绝时，旁边有人温柔地递过来一张纸巾，是幸福……幸福没有绝对的定义，幸福只是心的感觉。幸福与否，只在于你的心怎么看待。你要是总感觉自己钱没有别人多，地位没有别人高，妻子没有别人的漂亮，丈夫没有别人的体贴，孩子没有别人的聪明，你能感到幸福吗？

方法力——为有源头活水来

　　越是在喧嚣和困惑的环境中无所适从，我们越觉得快乐和宁静是何等的难能可贵。其实"心安处即自由乡"，善于调节内心是一种拯救自我的能力。当人们能够对自我有清醒认识，对他人宽容友善，对生活无限热爱的时候，一个拥有强大的心灵力量的你将会更加自信而乐观地面对现实，面向未来。

　　本丛书将唤起青少年心底的觉察和智慧，给那些浮躁的心清凉解毒，进而帮助青少年创造身心健康的生活，来解除心理问题这一越来越成为影响青少年健康和正常学习、生活、社交的主要障碍。本丛书从心理问题的普遍性着手，分别描述了性格、情绪、压力、意志、人际交往、异常行为等方面容易出现的一些心理问题，并提出了具体实用的应对策略，以帮助青少年朋友科学调适身心，实现心理自助。

C目　录
ONTENTS

第八章　习惯决定处世方法

第九章　修炼自身的方法

第十章　让生活理想的方法

第十一章　专注力让你更优秀

第一章
直觉的魔力

直觉思维是一种非逻辑抽象思维的跳跃式的思维形式，它是根据对事物的生动知觉印象，直接把握事物的本质和规律，是一种浓缩的高度省略和减缩了的思维。直觉思维常常表现了人的领悟力和创造力。直觉一般表现在艺术创造和科学研究过程中，经过长期的思索，猛然觉察出事物的本来意义，使问题得到突然的醒悟，进入一种走出混沌的清晰状态，就如古诗词中所描绘的那样："众里寻他千百度，蓦然回首，那人却在灯火阑珊处。"直觉思维在我们的生活、学习、特别是科学研究中，具有不可忽视的重要意义。

心灵的选择——直觉

我们日常的精神世界则大部分由无意识所占据,它是基于某些与逻辑截然不同的东西,我们称这种东西为直觉。

我们在如何选择体育运动、朋友,购买哪种牙刷时,常常是借助直觉;我们在坠入爱河,我们感觉上证指数会上涨时,我们遇到危险的事物时,往往会依靠直觉。

遵循自己的直觉可以让我们获得最佳的决策吗? 这个问题听上去似乎十分幼稚,甚至有些可笑。近几十年来,有关理性决策制定的书籍和那些咨询公司,不是一直在鼓吹"先看再动"以及"先分析再行动"吗? 要专心! 要深思、要熟虑、要分析;要总结所有的可能性,列出所有的支持和反对意见,并仔细权衡它们实现的可能性;要在奇怪的统计软件包的帮助下做出更好的选择。可这些"深思熟虑"却经常不能够帮助生活中真实的人做出恰当的选择。

我的一位好朋友曾经同时爱上了两名女孩,这两个女孩子都是他倾慕的对象。但是,两个,未免太多了。在挣扎于矛盾的情绪无力下定决心的时候,朋友忽然回想起曾经看过一篇文章,写的是美国科学家本杰明·富兰克林为处于类似情形当中的侄子提过如何做出选择的建议。朋友立即找来那篇文章,看到上面写的是:

"如果你犹豫不定,那么就把所有的理由罗列下来,把支持和反对的理由分别记录在一页纸的两侧。在你为它们深思熟虑两三天之后,用一种类似代数的方法进行操作。看看纸张两侧的理由或动机是否具有相等的权重,如果相等,就把它们分别从两侧删除。也就是说,如果两面的某种理由势均力敌时,就把这两项删除;如果一个赞成的理由抵得上两个反对的理由,就把这三条都删除;如果两个反对的理由抵得上三个赞成的理由,就把这五条都删除……我曾经多次在无法制定重要决策时使用这种精神代数法,尽管它无法做到数学般精准,但是仍然对我十分有用。值得一提的是,如果你不学习这一方法的话,我会认为,你永远无法走入婚姻的殿堂。"

找到这样一个逻辑公式可以帮助自己解决困境之后,我的朋友倍感轻松。所以他立即着手,把所有自己能够想到的重要理由都记录了下来,然后仔细地进行权衡,并进行了完整的累积和计算。在他看到最终结果的那一刻,出人意料的事情发生了。内心有一个清晰的声音告诉他:这个答案不对!

直到此刻,我的朋友才第一次意识到他的心其实早已做出了决定——选择那个与计算的结果完全相反的女孩!

计算的确帮助他找到了问题的答案,但却不是依靠其所具有的逻辑性,而是把一个无意识层面做出的决定带到了他的意识层面,尽管这个决定所依据的理由对他来说仍然模糊不清。

虽然庆幸自己得到了问题的最终解决方案,但是我的朋友仍然为整个过程感到无比困惑。他问自己,为什么在无意识层面做出的决定会与自己通过精细推理得到的结果截然相反?

事实上,很多人都发现"推理"与我们平时所称为"直觉"的东西有时会产生矛盾。

一位社会心理学家曾经做过这样一个实验,为两组妇女分别提供明信片作为参与实验的答谢礼品。其中一组女性,每个人都可以从五张明信片当中选择一张自己最喜欢的;而另一组女性,则需要在进行选择之前,对每一张明信片阐述自己喜爱或是厌恶的理由。这两组被试者都会在实验结束后挑选不同的明信片回家。四个星期之后,研究者会对所有人进行调查,询问她们有多喜欢自己选中的这些明信片。结果发现,比起那些没有给予任何陈述理由的妇女,给出理由的被试者对自己所选中的明信片的满意程度更低,也表现出更多后悔的成分。在这个好像故事一样的实验当中,对理由的精细思索似乎只会让我们做出令自己不愉快的决定。

思前想后的权衡通常并不能使我们得到快乐。在另一项研究当中,研究者就各种日常活动对人们进行调查,例如,如何决定每晚收看的电视节目,以及在商场超市当中买些什么。他们会对所有的频道全面调查,使用手中的遥控器搜遍所有的电视台,不断检验直到找到更好的节目?还是会一看到足够好的节目就立刻停止继续搜索?那些报告自己会在购物和休息活动中竭尽全力进行搜索的个体被我们称为"最优者",因为他们总是努力试图去达到最好。而那些只有限地搜索并在第一个让自己满意或是"足够好"的选择处安定下来的个体,则被称为"满足者"。调查显示,满足者更为乐观,而且拥有更高的自尊和生活满意度,而最优者则会出现更多的抑郁、完美主义、后悔和自我责备。

　　长久以来,人们已遗忘了去发挥"直觉"这种上天赐予的能力。直觉的运用,能够带给我们的平淡生活更多的弹性和快乐,能够帮助我们解答诸多人生的困惑,能够在不知不觉中丰富着我们头脑中的知识。这样一种"直觉式"的生活其实就是一门艺术,可惜我们中的大多数人不懂这门艺术。

魔力悄悄话

　　当你本能地感觉到自己的人生受到了阻碍时,当你正被现在所处的环境压得喘不过气来时,当你一直不能取得别人的信任时,当你觉得找不到跳出目前生活的陈旧框框的方法时,当生活中所有的坎坷都在慢慢地侵蚀你,使你心灵和情感上遭受到前所未有的冰冻期时,请你先不要担忧,你要知道,这些都只是人生中潮起潮落的一部分。在此时最有效地解决这些问题的方法就是唤醒你的直觉,只要你需要它,你就能够立刻拥有它而不论你的年龄大小。你可以不去注意这种与生俱来的力量的存在,但你绝对不可以将它完全遗忘。

用生活发掘直觉

直觉一直是人们所能体会到，却又难以表述的。那么，究竟什么是直觉呢？简单地说，直觉是一种不被意志控制的特殊思维方式，它是基于人类的职业、阅历、知识和本能存在的一种思维形式。直觉作为一种心理现象贯穿于我们生活的始终，它能对突然出现在面前的新事物、新现象、新问题及其关系进行迅速地识别、敏锐而深入地洞察，直接地本质地理解和综合的整体判断。简言之，直觉就是一种人类的本能知觉之一。

很多时候，我们所得到的那些非常明确而生活化的指引往往是直觉带来的。比如：谁值得信任，什么东西不能吃，甚至当你被复杂的学术理论纠缠得头昏脑涨时，直觉感应也可能让你恍然大悟。

希腊的著名数学家毕达哥拉斯曾经接受过直觉的指引。据说，由于某一天他突然发现铁匠在捶打长度各不相同的铁棒时，发出了完全不同的高低音，所以他才发现弦振动的长短与音调的高低有决定性的关系。

一个人的成功与否似乎与他的智慧并没有太大的关系。因为当你认真思考的时候，常常会"灵机一动"，于是奇迹产生了。总之，有时就是这样，你苦苦思索的问题突然间有了答案，而你却无法解释其中的玄机。

直觉与我们的生活息息相关，你自己每天都在用到它，却毫无所知。因为人们往往忽略去倾听自己内心的声音，并想当然地以为完全了解"自己"是个什么样的人。事实上，那实在是人类所犯下的一个十分可笑的错误。

其实每个人都有各自相异的多面性，每一面各自用自己的方式说话。我们早已经习惯这种心灵对话，但自己却浑然不觉。我们要想懂得自己心灵的语言，就要注意倾听内心那些奇怪的思想，仔细观察发生在我们周围的那些无论是否合乎常理的大小事件。

而不管你的生活多么枯燥乏味，直觉都无时无刻不在我们眼前发生。所以，如果你想实际体会直觉的存在，就必须投入地度过每一天，学习如何追随生活的节奏。

早晨醒来,你挑了件黄色衣服装扮自己,到了中午与一个朋友在餐馆里吃饭时,却发现她也穿了套和你相同颜色的衣服。为什么下班后,你毫无来由地开车驶上一条偏僻的小路,决定绕远路回家,想不到,第二天竟惊闻你平常走的那条高速公路上昨天发生了10辆车追尾的连环大车祸。难道仅是运气吗?还是直觉使你幸免于难?

或许,我们认为类似这些经历不过是"纯粹的巧合"罢了,因为很多人都会碰到这样的事情,只是我们还不习惯而已。但我们不妨再进一步想一想,当你想要见到或联系上某个人,当你在某时想到某地去,结果你都如愿以偿,这时你还会说"这不过是巧合"吗?再如,你心急如焚地想弄明白某件事情,不久后,你果然全都明白了,这时候你还会说这只不过是"再平常不过的巧合"吗?

也许你在聚精会神地进行某项工作或做某件事情,根本就没有察觉到时间的脚步在偷偷溜走,但不管怎样,直觉感应就那样无声无息地在你周围进行着,等着你亲自去发现。

可以说,直觉是我们和这个世界沟通得非常好的方式。

魔力悄悄话

无论何时,只要你肯一心一意与自己所做的事完全融合在一起,那么你很快就能感应到直觉的召唤。下一步该怎么走,自己的选择和感悟是否正确,你无须担忧,更无须操心这场直觉之旅如何结束。你只要顺其自然就可以了。只要你能够辨认出生活中最细微的直觉感应,那么不论时空发生什么改变,也不论从事什么性质的工作,你都可以轻而易举地掌握。

相信你身边存在的直觉

长期以来,直觉被许多人误解成超自然的东西。有些人贬低直觉,说它是有娱乐性质的魔法秀。有些人练习直觉,则只是为了获得神秘的魔力。

其实直觉并非魔法,你可以认同它,不让自己无缘无故被闪电击中、被妖魔迷住,但你不会转眼之间便成为智者。人类的意志力、灵媒的算命术这些所谓的超自然心理现象,其实只是直觉发展过程中微乎其微的一部分,而非绝大部分,根本不应是我们追求的终极目标。

其实,用直觉玩一些问答游戏或作为算命的方法之一,这样的人充其量不过起一介灵媒的作用。灵媒重视的是形式,而不是过程,也许灵媒偶尔能说对你的过去和将来,但他只能够告诉你结果,却无法解释如何及为何造成这样的结果。一个完整的生命,依靠的是生理和心理共同经历的生活考验,一旦我们凡事追求外在的形式,巫术或超自然的心理现象就很容易俘获我们,这样我们便会错过去体验让自己活得更美好的完整过程。

因此,最重要的是我们必须将发展直觉的过程视为一次神圣的旅程,至于发展到最后会得出什么结果就变得不那么重要了。可以说,直觉之旅不仅是一种生活方式,也是一种将自己与真理结合起来的方式。

当然,在练习直觉的过程中,你可能会体验到一些所谓的超自然心理现象。如果这样,请不要紧张,这并不表示你有心理或精神疾病。其原因在于,随着你直觉力、心灵智慧的渐渐展开,你整个人会进入一种以心灵和这个世界沟通的状态,因而你会感觉到自己对于宇宙间所有的知识以及非知识、所有存在的空间以及万物发展和出现的阶段,都有一个全面而广泛的认识,并且与之和谐相处。这时候,你便会明白:世界上没有所谓超自然的现象,你所有的经历,都是自然而合理的。事实上,在你有足够定力的前提下,不妨好好利用这些所谓"超自然的心理现象",将它转化成为生活技巧的一部分,也可以作为我们发展直觉之路上一个小小的收获。

只有当你将灵媒算命的把戏抛弃,你在发展直觉之路上才能真正认识自己,对自己完全地忠诚,这样奇迹才会发生,你所期待的事情也才会发生。从此,因为你在心理上和生理上都变得成熟而健康,生活就不再只是因循守旧的框框。

人人皆可开启直觉天赋

我们的直觉能力是天生的,它是人人皆有的天赋和内在感官的自然延伸,尽管它在我们的文化中经常受到漠视而难得彰显。但透过专注和觉察,我们都可以让既有的直觉能力扩大到惊人的地步。

大多数人约在3到4岁时会有直觉经验的初次记忆,到青春期又有一阵直觉能力活跃的时期(内分泌转变和扩展直觉能力似乎息息相关,通常怀孕、生育和停经也会加速女性直觉能力的扩展)。

童年的直觉经验可能包括能觉察别人的心思和感觉,或看到思想幻化成具体的能量痕迹从人的头脑逸出。有些幼童能看到人和物体四周多彩朦胧的灵气,并以为每个人看到的世界都是这样。

有些孩子在醒着或在梦中会看见未来事件的显现,但他们常弄不清楚"看到"这些事情与"实际上发生"之间的区别。因此,依照小孩的想法,有些孩子干脆就关闭他们的感官,希望坏事因此不会降临。

少数孩子有幸在接受、看重而且了解直觉经验的家庭或社区中长大,所以不但有表达这类经验的语汇,而且被鼓励发展这种能力。

然而大多数的小孩的直觉能力往往因为家人的负面反应而关闭。这类小孩有些被视为疯子或怪胎,有些被责骂为撒谎,还有一些孩子则因遭到各种更隐晦的排斥而气馁。

当然,直觉者并非个个关闭自己,就算关闭了,也不会长久如此,后来发生的事件会再度启动他们的直觉能力,打开他们的世界。有些格外特殊的直觉者一直关闭不了直觉感官,直到长大后才弄懂如何关上它。随着年岁与经验的增长,他们渐渐学会如何掌管、引导自己的直觉。

并不是每个有直觉能力者的成长过程都极度艰辛,直觉能力有时只现身为某种才能,例如,对其他人特别敏感,或拥有高度专注的能力。

方法力——为有源头活水来

极具直觉天赋的一位直觉者曾经告诉我,他的直觉能力在小时候唯一的征兆是他绝佳的运动细胞。他在学校足球队担任守门员时,总有办法猜中球往哪个方向弹,因此总知道该跑到何处,适时接住滚地球。

总之,我们所有人都生而具备直觉能力,但有些人的天赋远超过其他人。不管我们的直觉天赋的起跑点是多么不同,我们最后都能大幅增进超感官能力,虽尚未努力尝试之前,谁也无法断定到底能有多大成就,不过,证据显示,有些人遗传的直觉倾向超过其他人,这可从家族中有其他人拥有超凡的直觉能力,以及他们天生具有右脑发达的特征来获得佐证。

魔力悄悄话

保持一颗安详平和的心对于研究直觉之谜十分重要,所以你要训练自己不要迷失在这个虚实难辨的世界里。这样,你体内那股天赋的敏感,便不再畏畏缩缩羞于表现,因为在你的内心深处早已包容、理解了自己所想拥有的东西,一切恐惧便自然烟消云散了。真正做到这样,也就表明我们已解开所有束缚生命的枷锁,于是双眼雪亮了,心灵不再蒙尘——我们再不会在无意中扭曲真理,更不会因受到诱惑而成为一介灵媒。

探索直觉方法的源泉

你的直觉源于你的意识。心理学上将人的意识分为三种：下意识（或潜意识）、主意识和上意识。直觉的源头之一是下意识。

神秘主义者都认为：世间万物都是具有意识的。哺乳动物、鸟类、爬行类、昆虫、植物、细菌、个别的细胞，甚至包括玻璃、金属、塑料和木头……没有一个例外。随着时代的变迁、演化，人类发现自己的下意识竟然装有所有关于物理、生物、行星、每一种有机体及人类自身甚至是历史时代等的知识，它还知道生死交替的脆弱以及时代变换和战争的残酷无情。因为我们的下意识的本质是十分纯净而无丝毫污染的，所以它能够记录如此丰富的生物求生信息，以及人类在历史的进化中曾经使用过的神秘仪式，显得如此"博学多闻"。

下意识里包含了许多有关人体生理机能起源的知识，但是它同时也隐藏着一些阴暗面，因为它是储藏负面情绪的堡垒。我们通常称那阴暗面为"下界""冥界""阴间"或"黑暗界"。神秘主义者则认为妖魔鬼怪、危险的障碍和对人性的测试充满了这个领域。

如果你的直觉来自下意识，你会通过感官反应的其中之一来接收它传递给你的信息，那通常会让你觉得有点紧张或迷惑。比如：不安的触觉、黑暗阴晦的视觉影像或是令人窒息的难闻气味，等等。但是，并非所有来自下意识的信息都是负面的，也许你也会接收到关于你的身体或者一些代表动物、植物的原型图案的直觉感应信息，而这一类的信息通常来自人体的"全知感官"。

直觉的源头之二是上意识。

一直以来上意识的领域便被人类解释为是灵魂的住所，就像是天堂、天国和净土这些至高无上的地点名词。在那些地方，生存着宇宙间所有的生命形态，大家不论等级、种类，彼此平等，随顺大自然既定的规律，安详、平和地生活着。因此,恐惧、阻碍和无知这三样东西在我们的上意识里是不存在的。

如果你的直觉感应来自上意识,那么你在接收直觉信息的那一刻会感到自己头脑中的智慧之灯似乎被点亮了,而你所感应到的,可能常常会以抽象的几何图形式的视觉化影像出现。除此之外,你还会发现上意识的直觉信息包含了所有的感官知觉,也就是全身上下的"直接感应",而且它常与一种十分开怀、坦率的心情相伴而来。

不像潜意识和上意识是人类的记忆宝库,主意识里是不储藏任何记忆的,它所主宰的,是我们的感官知觉以及决断力。主意识掌管着人类的认知功能,即是客观的察觉,就像"我是我"如此简单的一个事实,或许我们可以将之称为灵魂的眼睛。同时,对我们个人自由意志的管理、进行抉择的原动力和对自我的认同也是主意识的功能。因此,让我们每一个人都能够成为有独立思想的个体也归功于主意识。

我们的主意识是理性的,它一察觉到外在的某件事物,可能是一个人、一件物品、一种情势或一个地方,此时它都能够自行与它们建立某种关系或创造某种联想。

相信直觉就在你的头脑中

你的直觉是你与生俱来的内心天赋,无论你是否相信它,你都是一个受大宇宙引导的具有灵性的人。拥有直觉并且相信心灵感应的人深知这一点,而那些漠视心灵感应、不相信直觉的人对此却无法理解。所以,如果你希望以更高级的方式生活,那么,当你的灵感对你低语时,不要感到疑惑;当你接收到自己的直觉时,不要忽视它;而当你的心灵感应被激活时,接受和珍惜它们吧。

毕雪和丈夫最近决定卖掉他们在城里繁华地段的大房子,搬到附近小一点的住宅去。因为这对夫妇的孩子都已长大成人了,所以他们俩想住在一个相对便宜而又自在点儿的地方。毕雪想尽快卖掉房子,但又厌烦不停地把房子展示给陌生人看,不愿意别人到自己家里来品头论足、讨价还价。

毕雪把问题交给了她的心灵向导，不再为此操心。毕雪本来不喜欢公开讨论自己的私事，但第二天早上，她却有一股冲动，想把自己的想法告诉她家的新清洁工小丽。所以，当小丽到来时，毕雪听从了自己的心灵感应，向小丽诉说了她和丈夫关于卖房子的想法。

"哦，天哪！"小丽大叫起来，"简直难以置信！昨天，我的另一位雇主正托我在附近帮她找一所房子呢。以她的品位，我敢打赌，她一定会爱死你这座房子的。"

真是机缘巧合。那天，小丽让两个不相干的陌生女人建立了联系，这真是一桩两全其美的妙事——事实上，这所房子基本上通过电话交谈就卖出去了。毕雪在一天之内就吸引到了一个解决问题的好办法，她所做的只是做一个好的直觉学生，相信而不是怀疑自己的心灵感应。

幸运的是，如今，我们跨入了新世纪，科学已经承认了直觉，所以，跟随时代的潮流，学会相信你的心灵感应，把它作为你的天赋而不是异己，已是更为现代的生活方式和明智之举了。

现在，科学和心灵法则都一致认为，我们每一位都是具有直觉的人，大宇宙中的万事万物彼此相连。我们的心灵总是相互影响，我们当中那些以更高级的方式生活的人明白这个事实，并且从不怀疑这一点。正是这种彼此间的联系，使毕雪想直接卖掉房子的愿望吸引到了理想的买主。

这些因缘巧合并非出于侥幸或偶然。我们的灵感在不可见的世界里应和着万事万物的完美秩序，因缘巧合就是灵感的这种应和与合作的有意识的反应。这就是为什么鱼溯流而上，鸟南向而飞，熊择冬而眠——自然界的万事万物都朝着最有利于自己成长的方向运动，当然也包括人类在内。唯一的区别就是，我们可以选择是否听从自己的灵感。如果你想运用你的直觉，那么就不要抗拒自己的心灵感应，而要改变你的生活法则。

首先，你得转变自己的态度。不要和那些不相信直觉的人一样，觉得迷信直觉者不是疯子就是怪人，更不能因此把直觉锁在你的生活大门之外。

当然，如今世人的观点已经改变了，这些具有伟大创造力和灵感的天才也得到了认可，但是，排斥直觉的人仍一如既往地贬低直觉，因为他们的小我害怕直觉会动摇它们的支配地位，因而要竭尽全力维护其支配权。如果你无意中透露出自己具有心灵感应，不要害怕被视为怪物，你倒该为此而高兴,因为这意味着你正在超越、正在进步。

其次,只有了解你为什么要听从自己的心灵感应,才能真正拥有直觉生活。听从自己的心灵感应可行而且有效,能让你少浪费时间,因为你的心灵感应与你生活的点点滴滴息息相关,它甚至可以改善你和生活的关系。最重要的是,相信你的心灵感应可以为你排忧解难——只凭这一点,就足以鼓励你去唤醒直觉、运用直觉。

魔力悄悄话

你那平凡的渺小的心灵,是不是有过突然灵机一动想通了某个棘手的问题或渡过某个难关的经历?例如:你终于不再被离婚的阴霾所笼罩,而是将这一次的经验作为你和过去的另一半共同成长的契机,并且冰释前嫌;也许你通过观察到某种奇特的自然景观,发现森林和海洋对地球的未来有很重大的影响;也许你看到的某种景象和你后来的职业生涯会有某种关联……假如你有过类似上述的经验,那表明你正在运用你的上意识。

直觉在生活中的角色

我们都会认为,所谓的智力活动,是一项非常精巧的、处于意识层面的活动,完全由逻辑体系所指引。

但是,要做一个拥有无限知识和无穷时间的完美个体,是一件非常不现实的事情。所以,生活中的一些问题,如与谁结婚、如何猜测关键答案、如何接球、警察如何侦查毒贩子等,我们的思维并不总是通过有意识的思考去做决定的。

不论是专家还是外行,我们在生活中都被一个无形的直觉牵着走,它帮我们处理了各种棘手的问题。

直觉在我们的生活中到底扮演着什么样的角色呢?

直觉使我们得到许多新奇的体验和现实的帮助。直觉的体验可以让人发现人生的经历是可放大、可浓缩的,发生的时间和空间是可拉长、可减短的,就好像照相机的伸缩镜头一样自如。任何时刻人都可以这样去发现,事实上阳光下每天都有新鲜事。

也许有一天你正开着车在路上,竟毫无来由地想到了一个老朋友:"算起来好几年没有跟成玲联络了,不知道她现在怎么样了?"回到家之后,你发现成玲的声音居然清楚地留在录音电话上。这时,你不禁会自问:"到底是怎么回事呢? 是她打了电话来,我才想到她? 还是我想到了她,她才打电话给我?"

某位室内设计师正为一位顾客的住宅装潢而绞尽脑汁,因为这位顾客的要求是"特别而精致"的设计。于是,设计师不得不用他的心灵来进行思考、创作。

在他苦苦思索的时候,一道海浪般的图案突然闪过他的心头。设计师大喜,他告诉自己要做一道曲曲折折的墙,而不是直立的那种,这真是一个完美而又贴切的答案。

是设计师敏感的心中早就存在这个灵感，然后再传送到肢体语言上呢，还是在他逻辑思维的那一面，已经深植了那一个苦思良久的疑惑？

逻辑思维告诉我们，在相同的时间和空间有因必有果；直觉的运用，则可以让我们看见自己敏感的特质也是同时出现且无处不在的。

直觉使我们迅速得到所需信息。直觉会利用各种方法，在适当的时机带给我们所需的信息，因此人类似乎不需要再浪费时间和精力在"百思不得其解"的困扰上。

莫英就曾经有过类似的经验。她说她有一段时间通过所有可以利用的正当渠道来求职，可是过了一个月，还是没找到一份工作。每个周末她定会将未来7天所要做的事情作一个详细规划，并且逐项实践，但结果令人失望，她仍然是失业大军中的一员。她忧心忡忡地说："这个星期，我要到各大公司的人事部去努力推销自己，还得打一打可能没有回音的电话，参加五场大型联合招聘会……"然而，她却毫无缘由地去上"新诗写作班"，而且是在她求职无丝毫起色的时候。

开课第一天，不知道为什么，莫英心血来潮将自己写的一首诗与邻座的一位妇女分享。后来当莫英与这位妇女交谈时，发现两人竟然有相同的爱好，更令人惊异的是，她们都走到了人生的过渡期。真是无巧不成书，这位妇女所任职的知名企业，"正好有一个空缺职位"，而这份工作恰好是莫英可以胜任的。

如果莫英能够早点知道直觉可以为她带来转机，她也就不会给自己那么多压力了。然而幸运的是，她毫不吝啬地敞开心胸，听从直觉的指引走进"新诗创作班"，认认真真、专心致志地来学习。

由此看来，许多事情根本无需刻意强求，当你相信自己直觉的时候，即使所得到的答案或机会并不符合事先的预期，那也没有什么关系，因为你已经拥有宝贵的直觉经验。

此外直觉还可以增进我们的智慧。人类意识的清楚感应可以使过去和未来所发生的事历历在目，有如"现在"，不论我们身处何方，意识也会告诉我们这一个地方就在"这里"。只要我们愿意，世界上的所有知识都会张开双臂等着我们投进它们的怀抱。直觉的认知不需浪费太多的时间却合乎常理,不需要凭借外物的证明,因为它是直接的、自然的。

也许前一刻你还在聚精会神地写报告,整个人都绷得紧紧的,一心只想赶紧完成这项工作,然而,此刻你的身体可能就不由自主地靠到椅背上,想看一看窗外的风景。这个时候,你的心里无拘无束,任时间在静静地欣赏中慢慢地流逝。但也许就在几分钟的光景里,脑中那些突然浮现的天马行空般的好点子,就让你如行云流水般完整地叙述了下一个观点。

魔力悄悄话

如果你有远见卓识并寻求自我发展,那么,就请你善加运用直觉,你会发现,一场全新的变革将发生在你的生活中并增进你的智慧。

从直觉中获得更多深层信息

当电梯门一打开,有个看似毫无恶意的人站在里面,我们却发现自己的汗毛因警觉而竖立,好似我们暴露在具体的外在危险中,这时候是直觉在运作。事实上,这种感觉可以强大到让我们不愿进入电梯,而向电梯里的那个人作势假装忘了东西,必须回房间去拿;或者,听到电话铃响,心中突然涌起一股莫名的快活感觉,好像这通电话能带来好事,这就是直觉;或者,当手里拿着未拆的信封,悲伤或害怕的感觉已经涌上心头,因为我们的眼睛虽然还未看到信,但意识似乎已经知道里面藏着坏消息,这也是直觉;或者我们在午餐时招呼某位同事同坐,忽然感觉眼睛和鼻子后面有一股压力,某种不适的感觉一闪而过,后来发现原来是这位同事的头痛作祟,这也是直觉。

当我们借由自己的感官,感应到属于其他人或东西而不是属于我们自己的感受、知觉、意识或情绪,或只是感应到弥漫在空中的气氛时,个人的界限就会拓展开来,容纳身体以外的领域——这就是直觉。

直觉意识超越普通的感官,带来平常我们不可能得到的讯息,因为它的内容关乎自身以外的其他人或事物。就好像我们个人的界限得到扩展,达到我们肌肤以外的领域,使我们能汲取外在环境的讯息,与环境融为一体。

直觉曾帮心理咨询师卫信接待一名因罹患严重焦虑症而前来求诊的男士。那是位37岁的企业主管,因新工作的关系,刚带着年幼子女搬到这个城市。他说他的焦虑严重到使他无法专注,他担心新职务可能因此保不住。当他以又快又急的语调,很理性地诉说自己的情形时,卫信感到一股悲伤悄悄涌上心头。刚开始卫信不理会这个感觉,继续注意听那个人说话,但是悲伤的感觉很快又涌上心头,这感觉非常沉痛,像是埋藏多年的隐痛。尽管再次整理思绪,那种感觉却去了又来。

最后卫信打断那位男子的话,问他:"你觉得会不会是有什么伤心事到现在还让你感到伤痛?"男子似乎对打岔有点恼怒,回答说没有,并继续谈论他担心在新工作上的表现可能令新老板不满意。

卫信继续坐在他身旁,仔细倾听他说话,心里一面在暗自肯定问题绝对出在他的伤痛。几分钟后,他的谈话绕回刚才遗漏的两个人,一个是他一生中最亲近的朋友,另一个是他的旧老板兼良师、对他有如父亲般谆谆教诲的长者。由于他未曾结交过如此令他受益良多的男性师友,因此他对这两个人特别敬爱,心中极为思念。

他开始啜泣,同时又大笑着说哭泣的感觉真好,并对这些感觉竟一直埋藏在心里表示很惊讶。离开时,他大约已用掉半盒面纸,但他说感觉好极了,焦虑及长久以来的压抑全都消失得无踪了。

从经验得来的知识可以和直觉或直觉认知一样敏捷、流畅,但本质却不尽相同。它是逻辑思维的产物,只不过迅速而自动化;它是讲求前因后果的常识,借由重复而得以加速,有时直觉会掺杂其中,但大半是单独存在。

例如,某个外表无害、但有潜在危险的陌生人迫近,我们知道要改走另一边街道。这乍看似乎是直觉式的选择,但也很可能是记忆与分析共同作用的结果;脑袋已先快速衡量某个不寻常的步态、不怀好意的眼神,或某个抱臂和摆手方式,然后根据过去的经验,把这些特殊的身体语言跟危险联想在一起。

研究直觉的学者称这种下意识的快速过程为"拔枪",是经反复练习,使某些知觉过程如直觉般自动发生。事实上,拔枪动作往往与直觉密不可分。

这种来自经验的知识,这种知识的涌现又快又顺畅,一如直觉,但仍然是单纯逻辑的产物,与经验脱不了关系,是靠着长年运用而变成的自发反应。

激活我们未被开发的潜力

当理智统治了这个世界,则所有的梦境、预言、心灵感应和超意识的力量都将被深深埋藏而失去它们的容身之所。理性主义之所以成功,在于它阻碍了我们前往内心深处的脚步,压抑了我们追求更高层次精神生活的渴望。

想想你自己吧。早晨一睁开眼,你是否赶紧开始列出日程表,看看今天有多少要办的事、该赴的约,担心今天的事可能会完不成?你是否恨自己反应不够灵敏,老是赶不上信息爆炸时代的步伐,无法做一个称职的现代人?你是否每天蜷在你那小小的象牙塔里,心中却想着如何认识与掌控周围的人和环境,树立起你至高无上的威信?

我们已经习惯在左脑的诱惑下,在一个充满逻辑规则的世界里生活,以致我们对让人喘不过气来的压力习以为常。

辛娅与别人合伙在中关村注册了一家计算机软件公司。公司经营得非常成功,因此现在辛娅每天总会接到上百封的电子邮件、频繁的传真和电话。如此繁忙的事务,让她想指派给其他的员工处理都来不及。在这种情况下,向直觉求助也就成为必然。可是忙碌的生活快要使她失去目标,连她的直觉感应也在信息的漩涡边缘打转。

为什么辛娅会出现这种情况呢?对于凡事讲求逻辑的人,不论吸收了多少信息,都只能发挥脑力的一小部分(某些科学家认为仅仅只有10%),这样的人将永远都活在被自己限制的狭小的世界里。左脑所接收到的认知通常是平面而缺少变化的,相比之下,直觉则是一种直接的知识、启示和智慧。这三样人生至宝说起来也许容易,但事实上,必须经过一连串严峻的考验才有办法获得。

直觉可以激活我们那未被开发的90%的脑力。在直觉的帮助下,对周围的事情我们会看得更清楚、想得更透彻,仿佛身临其境一般,获得顿然的感悟。一个朋友活到60多岁的时候才下决心开发她的直觉。在询问到她的相关经验时,她简洁明了地赞叹道:"我的感觉就像未蜕变成蝴蝶前的毛毛虫。别再徘徊不前了,现在就让你的时光倒流,回去过以前那种悠闲自在的好日子吧!"

一家高科技公司的系统分析师说,当她敞开心扉、保持心情愉快时,公司里的每一位经过她那间小小办公间的同事,几乎都会刻意拐进来和她闲聊数句,并常常带来一些颇有建设性的信息。例如,常常提供一些可靠消息、使她可以顺利完成报表的乔言;和她互相谈心、使她对人生有更深一层领悟的郎丽;总会在她需要新成立的工业区的资料时,告诉她应该去向谁询问才能够获得最完整的解答的热心肠的胡德……

与这个转得越来越快的世界相伴随的,是越来越复杂的人际的关系,仅靠阅读书籍和拼命吸收堆积如山的新信息根本无法解决我们的问题。因此,目前最需要的是培养一种充满智慧的生活态度。我们可以试着假想以下两种生活态度:舍弃忠于我们的直觉力量,转而向时代新秩序的压迫投降;要不就跟着自己的感觉走,在内心处那一种和谐感觉的引领下稳步前进。利用这种假想式的比较,我们会渐渐认识到哪一种生活态度才是我们真正需要的。同时,何时该做何事,我们也能了然于心了。

魔力悄悄话

直觉会让你在处理事务时更迅速、更平心静气以及更高效,而不必完全受制于左脑理性思维。

第二章 培养直觉最为重要

　　爱因斯坦特别指出:"物理学家的最高使命,是要得到那些普遍的基本定律,由此,世界体系就能用单纯的演绎法建立起来。要通向这些定律,并没有逻辑的道路,只有通过那种以对经验的共鸣的理解为依据的直觉,才能得到这些定律。"前苏联科学史专家凯德洛夫则更为直接地论述着:"没有任何一个创造性行为能够脱离直觉活动。"

　　"直觉,直觉醒悟是创造性思维的一个重要组成部分。"这些,均指出了直觉思维在整个人类思维活动中的重要作用。

之所以团团转，是因为绳未断

因为绳子的牵绊，风筝再怎么飞也飞不上万里高空，骏马再怎么善于奔跑也不能日行千里……只有剪断束缚自己的那根"绳索"，学会有忙有闲，一张一弛，才能让自己获得自由和快乐。

女子对追求她的男子说："我太忙，没有时间约会。"老板对员工说："我太忙，没有时间听你的建议。"父亲对儿子说："我太忙，没有时间陪你去游泳。"丈夫对妻子说："我太忙，没有耐心听你的唠叨。"……每个人都忙得团团转，于是乎，女子错失了花前月下的浪漫，男子在相思中痛苦；老板继续着他的忙碌，员工因失意而苦闷；父亲多了一份歉意，儿子心中有了埋怨；丈夫多了一份烦躁，妻子又增添了一丝伤感……每个人的不快，都源于一个"忙"字——"忙"成了世人不快乐的根源。

一个年轻人感觉压力太大了，为了寻求开脱，就常到禅院里和老禅师谈经说道。

一次，在去禅院的路上，他看到路边拴着一头牛，于是灵机一动，想借机考考老禅师。

来到禅院，他与老禅师一边品茶，一边谈禅。他问禅师："为何团团转？"

"皆因绳未断。"老禅师随口答道。

听到老禅师这样回答，年轻人顿时目瞪口呆。

老禅师见状，问道："什么让你如此惊讶？"

"师父，我惊讶的是，你怎么知道答案的呢？"年轻人说，"今天在来的路上，我看到一头牛被拴在树上，绳子穿过了它的鼻子。这头牛想吃草，谁知它转过来转过去都不得脱身。您没看见这个情景，却能够出口就答对。实在是太高明了。"

老禅师微笑着说："你问的是事，我答的是理，你问的是牛被绳缚而不得解脱,我答的是心被俗务纠缠而不得超脱,它们的道理是相通的!"

年轻人顿悟:"对呀,我现在知道我为什么整天忙得晕头转向了,原来就是被工作、被生活的琐事所牵引呀。我懂了,想获得快乐,就要学会摆脱俗务的纠缠。看来,生活中处处有禅机呀。"

年轻人和老禅师的对话道出了当下人不快乐的一个根源:为了钱,大家东西南北团团转;为了权,大家上下左右转团团;为了名,大家日日夜夜忙不停。快乐哪去了?幸福哪去了?因为一根绳子,风筝失去了天空;因为一根绳子,牛儿失去了草地;因为一根绳子,大象失去了自由;因为一根绳子,骏马失去了草原……

人生在世,不能不忙,也不能没有闲暇。有忙有闲,一张一弛,才不会人为地绷断生命之弦,加速燃尽生命的膏油,所以,要学会忙里偷闲。

宋代诗人黄庭坚说:"人生政自无闲暇,忙里偷闲得几回?"告诉人们人生是忙碌的,所以要学会忙里偷闲。忙里偷闲既符合文武之道,也符合自然规律。无论是在繁华街道的一隅,还是在窄小胡同的终点,或者是在茂密树林掩映着的林间小道的拐角处,总会有一两处悠闲的所在,它们静静地在那里等候,黄昏时以一两盏闪烁的灯呼唤着人们前去小憩疗伤。当你在茶馆的角落中呼吸着飘有龙井清香的空气时,当你在流水旁的小亭上点燃一支香烟时,一天的疲惫和满腹的烦闷渐渐随风飘去,你的心中仿佛唱起了一首牧歌,恬静淡然的感觉又重新蔓延开来。

既然大多数人不可能有大把时间休闲,那就只能忙里偷闲。忙里偷闲不是偷懒,而是让紧绷的弦放松,是给滚烫的机器降温,是为新的冲刺加油。

魔力悄悄话

上帝之所以赐予我们白天和黑夜,就是要让我们在辛苦了一天之后得到充分的休息,回归夜晚的宁静,让自己得到彻底的放松。经过一夜的养精蓄锐,我们才能在第二天精神饱满、神采奕奕地迎接新一天的开始,创造新一天的奇迹。

让直觉逆转你的人生低谷

不具备直觉的人和拥有直觉的人之间的区别,就是他们看待世界的方式不同。仅从小我取景器中窥视世界的人,观察到的是生活的表层,看到的是障碍;而直觉者则拥有来自灵魂的直觉,这种直觉可凝视生活的深处,看到的是成长的机遇。

拥有直觉的好处,是你能够接受生活赐予的原料,然后运用创造力把它变成金子。如果生活中出现了障碍,这是大宇宙正在以它的方式重新指引我们,使我们更加接近我们心灵的期待。

淑馨过去是一家大型航空公司的乘务员,自从国家放开航空客运管制以来,她就被告知,她所服务的公司将会从地球上消失,而且她随时可能失业。在随后的 11 年里,淑馨变得烦躁不安,大惊小怪,不断想象着自己马上就要被解雇。她甚至认定,自己迟早会变成一个无家可归的老太太。这种焦虑让淑馨病倒了,可是她却从来没有想一想,实际上在此期间,这家航空公司一直在正常运营,她自己也从未耽误任何一天的工作或是少拿过任何一笔薪水。这些年来,她一直忍受着痛苦,直到公司与另一家航空公司合并,她的工作安定下来,工资也得到了大幅度的提高,这种状况才得以告终。淑馨的焦虑不仅仅是一种人生的浪费,实际上也毁了她的健康。

淑馨的同事建平是一个相信直觉的人,他看待这些不确定性因素的方式就非常不同。建平不想让自己控制不了的事情来摆布自己,他充分利用业余时间学习室内装潢,把这种不利情形变成了一种机遇。11 年间,建平工作之余,在家里的工作室做起了自由室内装潢商,并且通过不断完善自己的技艺,迅速赢得了大量的客户和极好的声誉。公司合并的时候,建平已经能够兼职工作了,这使他既能得到四处旅行的好处,又可以继续自由地开展他的业务。现在,建平的创造性得到了充分发挥,经济上也很富足,除此之外,他还做了自己的老板。

尽管建平和淑馨面临的困境是相同的,但淑馨看见的只是难题,建平关注的则是解决问题的办法。

计划突然改变,挫折从天而降,诚然,这些都令人痛苦不堪,很多人会把这种生活的挑战看作是阻碍前行的红灯和负担,而直觉者则将其看成是绿灯和个人发展的机遇。

要相信生活永远不会阻碍你——它只是给你一个理由,让你找出解决问题的更好办法。每个问题都有解决的办法,这有赖于你的直觉去发现它,而寻找解决办法的过程就像游戏一样。

直觉智慧,会帮助你在充满险阻的生活中优雅地航行。直觉不是要帮助你消除挑战,你也绝不可能完全消除挑战,因为它们是我们心灵成长的燃料。直觉所要做的,就是给你洞察力、创造力和心灵的耐受力,这些力量将使你忠于灵魂的成长,使你认识到所有的挑战都只是学习无条件去爱的秘密途径。

当然,做一个直觉者不仅仅是做个乐观主义者,或者说有一种积极向上的态度。做一个直觉者,就要相信,生活正在按照它原本的方式展开,它总会直接把你引领到你真正的生活之路上去。直觉者不仅愿意寻找难以处理的事物光明的一面,而且能够认识到,我们所面临的障碍或者遭遇的变故,都是大宇宙激励我们成长的方式(尽管有时候这种方式看起来令人难以忍受)。没有这些困难,我们可能会错过整个生活。

魔力悄悄话

尽管生活充满了障碍和失落,但直觉者总是被引向最精彩、最富创造力的佳境。

灵感是直觉的表现

直觉思维就是指人脑基于一些有限的数据和事实,调动一切已有的知识经验对客观事物的本质及其规律性联系作出迅速地识别、敏锐的洞察,以及直接的理解和整体的判断的思维过程。

直觉思维没有经过明显的中间推理过程,就直接提出了结论,所以它进行的模式是跳跃式的。在进行过程中,创造主体不能用言语将这一过程和得出结论的原因清楚地表述出来。

直觉思维有两种形式,分别为直觉判断和顿悟(也就是灵感)。直觉判断是一种自觉的思维形式,也可说是逻辑判断的一种超常形式。农夫识牛、骑手相马、大夫问诊疾病等,都有直觉判断的因素在内。顿悟或灵感则表现为自觉思维过程的中断,是在主体苦苦思考某个问题而百思不得其解、一时间不知所措的情况下将问题暂放一边却突然开窍,灵光乍现,得出解决问题的方案的超常思维形式。

大量的事实表明,在创造活动中直觉思维在确定研究方向、识别有用的线索、预见事物的发展过程、研究工作的可能结果,以及在提出假设、寻找解决问题的有效途径、领悟机遇的价值、在缺乏可供推理的事实时决定行动方案、在未获得决定性佐证时提出对新发现的看法等诸多方面都起着十分重要的作用。

与分析思维相比,直觉思维具有以下显著的特征:

一是非逻辑性,直觉思维没有明确的逻辑规则,也不经过严密的推理,因而具有非逻辑性。

二是直接性,直觉思维总是以跳跃的方式径直指向最后的结论,似乎不存在中间的推导过程。它是一个自然而然的过程,无需主体有意识地做出努力。

三是快速性,由于直觉思维以直接、自动化的方式进行,所以进行判断过程非常短就好像空中的闪电一般,乍一出现便已消失。

四是个体性,直觉思维的主体对思维过程的各种运算和心理活动没有清晰的意识,所以也无法向他人说明带有很大的个体性。

五是坚信感,无论所产生的结论在实际中正确与否,直觉思维的主体在主观上对结论都具有一种坚信感。

六是或然性,由直觉思维得出的结论可能正确,也可能错误,具有或然性,需要逻辑或实践加以检验。

有一个很有名的故事,说的是爱尔兰数学家威廉·朗万·汉密尔顿在散步经过石桥时突然发现了四元法的事情。他当时奇妙的想法使他忽然认识到并非整个代数系统都要遵循交换律。他兴奋得不知所措,当即把这些基本公式刻在了石桥上,据说这块刻有公式的石头一直留存至今。

"数学王子"高斯解决了一个困扰他多年的问题之后写信给友人说:"最后只是几天以前,成功了(我想说,不是由于我苦苦地探索,而是由于上帝的恩惠),就像是闪电轰击的一刹那,这个谜解开了;我以前的知识,我最后一次尝试的方法以及成功的原因,这三者究竟是如何联系起来的,我自己也未能理出头绪来。"

类似的"创造性灵感"突然而来的故事很多。

每个人都希望自己也能够产生创造性灵感,但它的来临是有条件的。

第一个条件是专业知识技能。机会只青睐有准备的人。我们通过积累获得越多的知识和印象,就有越多的机会创造性地构建大厦。高斯能够招来灵感是因为他有最好的知识基础:理论和方法的结合。

第二个条件是想象能力。创造的瞬间可使我们以新视角来看待新事物、认识模式、产生联系。例如,哥白尼学说的产生首先在于哥白尼积累有关太阳系和行星的专业知识,然后重新确定整个太阳系围绕太阳,而不是地球。

第三个条件是冒险特质。有创造性的人在克服困难时喜欢冒险,有耐心,倾向寻找新的体验。发明家经常在失败后仍然坚持,如爱迪生在电灯泡发明过程中总是喜欢尝试无数种灯丝。

第四个条件是内部动机。如果工作本身带来乐趣、享受感、满意感和挑战性，那么受这种动机激励的人最具有创造性。在现实世界中，有创造性的人更少注意外部动机，像能否赚钱、给别人的印象如何、是否能满足要求，他们更多的是注重能带来愉快和挑战的内部动机。

第五个条件是创造性的环境。新奇的、有价值的想法经常受关系的激发、支持和净化。心理学家对 2 026 个著名科学家和发明者的生涯进行研究，结果发现，最著名的科学家或发明者很少是孤独的天才，他们都受其他人的指导、挑战、支持，许多人都需要有与他人合作的情商。

召唤灵感就像一位作家所说："当你停止意识思维的唠叨，给直觉以自由空间，直觉就会光顾我们。因此，尝试平静下来，保持安静地呼吸，聆听、内视自己的大脑屏幕，如果你尝试看的话，你将看到你一直寻找的问题的细节或者方向，可能这时还不算对，但最终你总能找到答案。如果你停止控制思维，直觉就会不期而至。当然，想停止控制很难，但是是你能做到的。如果有什么模糊的想法突然冒出来，那就让它出现，随后你能理性地反问自己，训练自己听取内在的细微声音。"

魔力悄悄话

给直觉以自由空间，直觉就会光顾我们。

直觉与经验

　　直觉字面上的意思指的是直接的感觉,来源于第一感觉和第六感觉。似乎没有明确的理论依据,但却存在着。直觉是怎么产生的呢? 它对我们的人生有什么指导意义呢?

　　直觉首先来自人的本能,第一感觉。不同的人有不同的基因,决定着人有不同的本能,这种本能也可以称之为先天资源,天赋。既然是本能也就不需要明确的理论依据,可以根据直觉进行人生的决策。直觉其次来自熟悉领域的第六感觉,由于人们在某一领域不断地探索、钻研、练习,形成了第六感觉,不需要思考就能根据某一信息产生相应的行为。第六感觉是由于人们对某一行业的熟悉而产生的本能反应,故有它自然的道理,往往会给人们带来正确的决策。

　　所以直觉是合理的,指导着我们人生的重大决策。

　　直觉对人生定位的指导。

　　比如你乘车经过一座山,不同的人有不同的直觉反应。有人看到山产生的第一感觉是:太美了,如果能生活在这里该多好啊,这类直觉的人可能适合做职业经理人,会全心投入工作,也会享受生活。还有人看到山后大脑中出现的某一首诗或诗的片段,这类人适合从事文艺、艺术类工作。还有人马上想到的是:如果把它承包下来可以搞个风景旅游胜地,这类人可能较适合自我创业。也有人看到毫无感觉,觉得都一样啊,这类人较适合从事技术性工作。也有一部分人经常变化着第一感觉,看到山后有时第一感觉得美,有时第一感觉是有什么诗可以形容它呢,还有时产生这样的想法:有什么资源可以开发利用呢,这类人较适合从事哲学、培训、咨询类工作,想得多,做得少,不适合干具体的工作,容易被人理解为空想家。

　　直觉对机会把握与否的指导。

　　一个新的机会在自己面前是否该把握取决于人的直觉。如果第一反应是个好机会,那往往可以把握,只是接下来分析如何把握,如何把机会转化为自己所要的结果。成功是很自然的事。如果第一反应并不是个好机会,至少对自己不是个什么好的机会,那就干脆放弃,想都不用想,等待新机会的出现。但人往往很难做到马上放弃,觉得好不容易出现的机会,怎么可以轻易放弃呢,岂不太可惜了,于是总是想尽一切办法去论证它的可行性,有时经过论证没有可行性最终就死心了,但也有可能经过论证有它的可行性,于是想把握它,这是非常危险的,往往会导致失败,因为人的大脑有欺骗性,只要你向它提问,自然会找到你要的答案,这是由你的提问和你潜意识里的期望决定的,但未必是事实。如果第一反应是矛盾的,经常仔细思考,反复论证,觉得可以把握,那说明了这是个机会,但对你来说,还缺少某方面的资源,如果要把握的话必须要补足那种资源,成功是有可能的,当然也有失败的风险存在,要有这种心理准备,人生本就是一场未知的游戏,成功与失败是交替出现的现象而已,成功了值得庆幸,失败了升华了人的灵魂,锻炼了自己的意志,让自己重新起航,驶向新的人生。

与人交往也同样。

人们往往把经验当成直觉。事实上这两者是完全相反的。经验是人们对生活的总结,生活的经历会在人们的心里留下某种烙印,让人产生某种思维定式,对人生并没有太大的价值,反而会让人失去自由,丧失创新能力,我们必须警惕之,让自己不断地重获自由,回到初始状态,恢复本性,恢复人的直觉。

魔力悄悄话

人类最大的问题是太相信经验或太依赖于自己的思考能力,而忽视了最有价值的直觉能力。不断地培养直觉吧,并听信于它,让它指引着人生前进的方向。

第三章
解码真正的自己

镜子里看到的自己，不是全部的自己，人还有很重要的组成部分："意识""前意识""潜意识"。镜子中的自己加上这些意识才组成了一个完整的人。

一个"清醒"的人，并非什么都知道、什么都做得到，而是会观察自己、在任何情况下都能清楚作决定的人。

"我想要思考什么？我想要透过我的思想与感觉，为自己创造什么？成为一个怎样的人？"

耳边聆听的音乐时常会让思想的火花游走在方法的生活空间。

你是自己唯一的掌盘人

当下的一切,都是我们创造出来的,无论你喜不喜欢。人固然是血肉之躯,但最重要的是,我们也是能量——人,就是磁力的源头!

你也许自认为是才高八斗的大文豪,或是家庭主妇,或是所在行业的领头人,或是机舱中的驾驶员,但其实你竟是个活磁铁! 这话听起来很颠覆,不过是到了该觉醒、认真面对事实的时候了:你我都是在世界上漫游的活磁铁,而且我们拥有巨大的力量,只要向宇宙下订单,便能把我们想要的东西,吸引到自己的生命中来。这种情形就像自然界中的磁铁一样,能够把其四周的"铁粉"吸引到自己的地盘上来。

可能有人会问:"既然结果如此奇妙,那么,我该采取什么样的特殊方式向宇宙下订单呢?"你不需要使用什么特别的呼吸法。或是搞得出神恍惚,来设定你的潜意识;也不需要进入催眠状态,或是身着奇装异服,或是倒立念出你的订单。只要好好地控制源自我们思想中的感觉,倾听内心的声音,然后像孩子般天真可爱地说出愿望就行了。顺便提一下,你不一定要全部读完本书才能开始"下订单",无论你读多读少,想开始时就可以开始。

有一次,娜塔莎下了个订单:希望在一个星期内,在公司附近找到一间便宜的两居室租住。她是在书桌前许愿的。过了四天,她的一位朋友便打电话来,告诉她有间租住房正适合她。她听后非常吃惊,但最后没有签订租住协议,因为她觉得订单多少有点太仓促了。

需要再次强调指出的是:无论是你的潜意识或宇宙都无法理解下列的表达方式:"我不想要这个跟那个"或"希望这个跟那个不要发生"。"不想要""不是"之类的字眼会被大脑删掉,而你脑中留下的图像则会开始成真。

举个例子来说:你安静地坐在椅子上,告诉自己十分钟内不要想到维尼熊,在这段时间里尽可能不要想到维尼熊。结果,你会发现,你不希望想到的东西,仍然会在眼前形成一幅图像,这样一来,多少会妨碍到你真正的愿望。

如果你想改变现状,不妨遵循下面四个步骤,保证没错,百分之百保证——你可以随心所欲地创造自己想要的生活。这四个步骤之所以畅行无阻,是因为它们是宇宙通行的法则,是万事万物创造的基本原则。如果你愿意的话,现在就可以试一试。

(1)找出你生命中不想要的事物。

(2)从你不想要的事物中,探求出你真正想要的事物。

(3)去体会那种愿望成真的境界。

(4)期待,聆听,让结果自然发生。

在你步入这个前所未有的过程之后,你会发觉生命中的每一个面向似乎都开始好转。焦躁、忧虑、猜疑和恐惧不再像影子般与你相随,这些烦人的情绪,变成数个星期也碰不到一次的偶发事件,而且你每天都可以亲身体会这一变化。比如,你的健康有了好转,银行储蓄渐渐增多,情场也春风得意,手头的工作如顺风行船……生活的每一天都充满了喜悦。这是真的,你可以感受这一切在你眼前成形。然后,你会感悟到:原来在你的车上,唯一掌握方向盘的人就是你自己。真的是你在掌握方向盘,而且……只有你在掌握方向盘!

魔力悄悄话

值得一提的是,当你愿望成真后要有赞叹感,这样你会更信任自己下订单的技巧。如果你不太确定这是否只是巧合,也要赞叹巧合至少是发生在你的订单上。有些特别聪明的人下订单的时候会这样想:"如果我下订单的话,它确实有可能只是出于纯粹巧合而实现……但也还真巧啊!"不管用怎样的方式,重要的是愿望成真!

根据特长规划你的人生

在现实生活中,我们经常遇到一些过分重视智力测验的人。他们往往过于相信所谓的"智商"。平心而论,这不能不说是一大弊端。人的美好品质是多种多样的,怎能以一份智力测验就下了定论?尽管你在一次又一次的智力竞赛中垫底儿,但在某一方面,你也许可以通过正面的思考来进行你独有的、奇迹般的创造,使生活充满无尽的乐趣。

加拿大少年琼尼·玛文的爸爸是木匠,妈妈是家庭主妇。这对夫妇节衣缩食,一点一点地储蓄,因为他们计划送儿子上大学。

玛文读高中二年级时,一天,学校聘请的一位心理学家把这个 16 岁的少年叫到办公室,对他说:"琼尼,我看过了你各学科的成绩和各项体格检查,对你各方面的情况我都仔细研究过了。"

"我一直很用功的。"玛文插嘴。

"问题就在这里,"心理学家说,"你一直很用功,但进步不大。看来你对高中的课程有点力不从心,再学下去,恐怕你就浪费时间了。"

孩子用双手捂住了脸:"那样我爸爸妈妈会难过的。他们一直很期望我上大学。"

心理学家用一只手抚摸着孩子的肩膀。"人们的才能各种各样,琼尼。"心理学家说,"工程师不识简谱,或者画家背不全九九表,这都是可能的。但每个人都有特长——你也不例外。终有一天,你会发挥自己的特长。到那时,你就叫你爸爸妈妈骄傲了。"

玛文从此再没去上学。

那时城里活难找,玛文只能替人整建园圃修剪花草。因为勤勉,手艺提高很快。不久,顾主们开始注意到这小伙子的手艺,他们称他为"绿拇指"——因为凡经他修剪的花草无不出奇地繁茂美丽。

也许这就是机遇或机缘:一天,他凑巧进城,又凑巧来到市政厅后面,更凑巧的是一位市政参议员就在他眼前不远处。玛文注意到一块满是垃圾污水的场地,便向参议员鲁莽地问道:"先生,你是否能答应我把这个垃圾场改为花园?""市政厅缺这笔钱。"参议员说。"我不要钱,"玛文说,"只要允许我办就行。"参议员大为惊异:他还不曾碰到过哪个人办事不要钱呢!他把这孩子带进了办公室。玛文步出市政厅大门时,满面春风:他有权清理这块被长期搁置的垃圾场地了。

当天下午,他拿了几样工具,带上种子、肥料来到垃圾场。一位热心的朋友给他送来一些树苗;一些相熟的顾主请他到自己的花圃剪用玫瑰插枝;有的则提供篱笆用料。消息传到本市一家最大的家具厂,厂主立刻表示要免费承做公园里的条椅。

不久,这块泥泞的污秽地就变成一个美丽的公园:绿茸茸的草坪、曲幽幽的小径,人们在条椅上坐下来还能听到鸟儿在唱歌——因为玛文也没有忘记给它们安家。全城的人都在谈论,说一个人办了一件了不起的事。人们通过它看到了琼尼·玛文的才干,公认他是一个天生的风景园艺家。

这已经是25年前的事了。如今的琼尼·玛文已经是全国知名的风景园艺家。

有遗传学家经过研究认为,人的正常的、中等的智力由一对基因所决定。另外还有5对次要的修饰基因,它们决定着人的特殊天赋,起着降低智力或升高智力的作用。

魔力悄悄话

一般说来,人的这5对次要基因总有一两对是"好"的。也就是说,一般人总有可能在某些特定的方面具有良好的天赋与素质。因此,每一个人都应该进行正面的思考,努力根据自己的特长来规划自己、量力而行,并根据自己的环境、条件、才能、素质、兴趣等,合理地确立人生的发展方向,通过积极的行动以实现你向宇宙许下的愿望。

清楚自己想要的未来

一个"清醒"的人，并非什么都知道、什么都做得到，而是会观察自己、在任何情况下都能清楚做决定的人；"我想要思考什么？我想要透过我的思想与感觉，为自己创造什么？成为一个怎样的人？"明确的意向有助于获得明确的回应。

"认识你自己"，德尔斐神庙的神谕如此说。如果再往下想，也可以延伸为："要决定自己想成为什么样的人！"因为就在你认识的当下，你就不再固定在那里了。你可以下决心成为一种新的东西。你也可以重新决定自己要成为什么样的人、想过什么样的生活。

然而，实际的情况是，相当多的人并不清楚自己究竟是个怎样的人。这些人花了很多的工夫、很大的精力去认识世界，了解社会，但到头来却忽略了对自己的认识和了解。生活中太多的悲剧，都来源于我们对自己的不了解——我们不了解自己在宇宙中的地位。我们不了解自己在社会中的价值，我们不了解自身的能力。因而，许多机会与我们擦肩而过，使相当一部分人一生碌碌无为。

有一个年轻人，因为对自己的工作不满意，他跑来向人力资源专家咨询。他自己的生活目标是：要找一个称心如意的工作，改善自己的生活处境。从他的要求来看，这个年轻人的生活动机似乎不全是出自私心而且是完全有价值的。

"那么，你到底想做点什么呢？你自己清楚吗？"专家问。

"我也弄不太清楚，还没有认真考虑过。"年轻人犹豫不决地说，"我还没有认真地规划过这个问题。我只知道我的目标不是现在的这个样子，需要改变。"

"那么你清楚自己的爱好和特长吗？"专家接着问，"对于你来说，你考虑过什么是最重要的吗?"

"这个问题我也不知道。"年轻人回答说。

"如果现在有多种工作让你选择,你知道自己选择什么吗? 你能做肯定的回答吗?"专家对这个话题穷追不舍。

"我真的说不准。"年轻人困惑地说,"我真的不知道我究竟喜欢做什么样的工作,现在我确实应该好好考虑考虑了。"

"那么,你看看这里吧,"专家认真地说,"你想离开你现在所在的位置,到其他的地方去是可以的。但是,在你走之前,你知道你想去哪里,不知道你喜欢做什么,也不知道能做什么,会有什么样的结果。如果你真的想做点什么,那么,现在你必须拿定主意。除此以外别无他途。"

专家对年轻人进行了彻底的分析。同时对这个年轻人的能力进行了测试,结果发现这个年轻人对自己所具备的才能还是一塌糊涂。

根据多年的经验和实践。他知道,对任何人来说,前进的动力都是不可缺少的。因此,他教给年轻人培养信心的技巧,并且鼓励他战胜各种困难。更重要的一点是,教年轻人先认清楚自己是个什么样的人。多年以后,当这位年轻人已经踏上成功征途的时候,一直念念不忘当年专家给予他的指导和激励。

每个人总是在某些方面会是盲目的,这叫作盲点,这些盲点都是因为我们无法透彻地看清自己。这和你的视力好坏关系不大,即使你拥有良好的视力,也不代表你能够察觉横在面前的问题是什么,或能清楚地知道对自己而言什么是有益的、恰当的、正确的和值得的。

——我们应该回忆一下过去的胜利和失败,这种对往事的追忆,可以帮助我们更好地明了自己。无论过去胜利的经验还是失败的教训都有助于我们走向未来。

——我们应该把自己和别人做一下比较,把他人当作自己的一面镜子来观察到自己的优点和缺点、长处和不足,因为太多的时候我们过于轻视自己的缺点。同样的一件事情,有着截然不同的两种态度,尤其是当你面临和别人竞争的时候,你必须弄清楚自己的形象,认清自己究竟是一个什么样的人。

——我们还应该学会辨别自己的情绪世界。你的情绪世界是你心理状态的真实表现,它控制甚至支配着你的行为,学会让情绪帮助你,而不是破坏、毁灭你。在着手做事情前,先了解你的情绪。当你情绪高涨的时候,做那些较难的工作。这样你就会发现,了解自己,可以增加你的力量,进而克服你的缺点,让你的人生逐步趋向完美。

魔力悄悄话

我们也应该像故事中的年轻人那样。多花点时间去全面地了解自己,认识我们的内心,以及内心的每一个角落。想想我们自己都有什么样的特质,想想我们自身的能力以及我们可以成就的事业。然后再回头检查一下我们身上所具备的条件是否可以达到自己所预期的目标。

实现愿望的练习

我们可以用一些"不太重要"的小事来"练习"下订单,练习有助于提升信心,信心提升后,愿望实现的速度也会比较快。记住,"你怎么思考,世界就会是那个样。"

举例来说,森是我儿时的玩伴。自从初中毕业之后,由于各自求学之地的不同,我们见面少之又少,直到后来彼此失去了联系。大学毕业5年后的一天,我突然想到了森。

于是,跟先生感慨地说:"我和森十几年没见面了,时间真是弹指一挥间啊。想当初,她带着我去山上捡漂亮的小石子,去果园里偷青涩未成熟的杏儿,还有一次,差点被园主人放出的狗咬伤了,幸亏森骑车速度快……哈哈,这些事情仿佛就像是在昨天发生的一样……不知道森现在如何?

"是否还是像小时候那样顽皮?"然后,我开始下订单:希望有机会能见森一面!

之后没多久,我和先生一起去电器店,购买了一台柜式空调。在车站等公交车回家的时候,刚要上车,突然背后传来一个女子尖尖的声音,喊出我儿时的小名!

我急忙回头,正是多年未见面的森!现在的她比我高出一头,昔日的假小子发型也被一头乌黑亮丽的长发取代,化了淡妆,涂有浅蓝色的眼影……更重要的是,我们居然在街头不期而遇!

如果诸如此类的事情一年甚至几年只发生一次,是可以当作偶发事件。但如果你越敞开心扉,类似这样"心想事成"的事就会越频繁发生,到最后,就会习惯这些事如你所愿的接二连三地出现。

不管用怎样的方式,我们应该减少生活中的压力,这样才能拥有更多的愉悦与轻松。

　　还有一个下订单的范例：在一次偶然的机会，一个人看到一个叫"成功梦工场"的公司，立志要做"帮助更多人成功"的文化工业传媒集团！当时他觉得非常诧异：有这种拥有使命感的公司吗？于是他就上网搜索"成功梦工场"，看到网站后果然让他十分震撼！整个身心的每个细胞都跳跃起来了，连续几个月工作学习效率越来越高！

　　每天都处于一种巅峰状态。身边的人都非常惊讶，他的姑姑更是说他走路都像个孩子似的了！每天都在飞！

　　这些改变使他产生了一个想法，他一定要加入这个团队！他要让工作变成一种帮助别人的享受！于是他下定决心，一定要在一个星期内求职成功这家公司，并且他只做了一份简历！一份一定要的简历！一份字字句句用心写的简历！他用整个身心去一气呵成，没日没夜地写了整整五万多字的跨媒体方案，在梦里他都在"看"自己的创意还要做什么修改！

　　没有接到面试通知前，他就打电话给他在深圳的朋友说，他要来深圳，请他们给自己租房。朋友们问他在什么地方租房子，他就说什么房子离"天安数码城"近，就先帮他把房租交了！结果，在他求职历史上的破纪录"奇迹"真的发生了……他在到深圳的当天就进了梦想中的公司！他一口气过了三关，在一个下午就由人力总监推荐给总经理，推荐给董事长！没想到几个总经理居然和他谈了整整4个小时！现在他终于成为成功梦工场团队的一员！他想任何人只要"一定要"！就能像他一样"一天求职成功！"一个人只要有了"我一定要"的决心，下订单，并马上采取行动，就能无坚不摧，实现目标！

　　在进行下订单的练习时，你也许会感觉这更像是在跟自己讲话，跟自己的潜意识讲话。没关系，只要能行得通，能达到"心想事成"的效果，什么样的方式都无所谓。比如：

　　"亲爱的宇宙，我找不到钢笔了……这次我把钢笔放在哪里了？麻烦给个暗示。啊！它在这里，真是谢天谢地！"

　　"我这部要给出版社的书稿还需要一点小小的'助力'，嗨，宇宙下订单服务中心，你有什么修改建议吗？为了更有说服力，我该去哪儿找寻我要的事例呢？呀！真不敢相信。我翻看一本旧杂志时，居然找到了我一直寻求的东西！"

接下来，我们再来谈谈那些"芝麻大的订单"。有时候，生活上会遇到危机状况（只是有可能），当我们处于极度恐惧的状态中的时候，通常是难以想象出该如何帮自己摆脱这种状态，或者也想不出该怎么援助别人。

魔力悄悄话

其实，一个人越是以平常心来下订单，就越容易为危机状况找到灵感与解决方法，也越能保持镇静。我经常蜗居在小房间里自言自语："好吧，如果我自己无能为力，那就只好下订单了。"无数的事实表明，这是个非常奏效的方法。

培养让自己优秀的品质

在探讨优秀的下订单者应该拥有哪些品质前,我们先来看这样一个寓言故事:

某个地方有一座庙,庙的大厅里有一千面镜子。某天,有只猫在庙里迷路了,走着走着来到大厅。突然它的面前出现一千个镜中倒影,它发出恐怖的喵喵声,并对着他所想象的敌人龇牙咧嘴。镜子同样映出一千个龇牙咧嘴、狂叫模样的猫。面对这情况,他更加疯狂地回应。结果因为情绪过于紧张、激动,猫就这样死了。

过了一段时间,某天,另外一只猫也来到这个有一千面镜子的大厅。这只猫也被一千个自己的倒影所围绕。它愉悦地摇尾巴,一千只猫也对着它愉悦地摇尾巴,最后猫带着兴奋的心情走出了寺庙,美滋滋地扬长而去。

虽然你不会有机会闯入摆放有一千面镜子的庙里,当然更不会为了镜子中的倒影而惊慌失措(因为你是有意识的人,而且你有物理学常识,清楚地知道镜中物只是你自己虚幻的影像而已,并非真实的存在)。不过,假设你真的遇到这种情况,而且没有一点物理学常识,扪心自问:"我比较倾向于第一只猫还是第二只猫的表现?"

如果你的表现更多的是倾向于第二只猫,那么,你会是比较优秀的下订单者。

如果你的表现属于第一只猫的类型,那你更应该要下订单。你需要"开放心胸面对各种可能",如此一来,在某个地方——尤其可能是在最意想不到的地点——或许你的贵人就会出现了,而"宇宙下订单服务"也会越来越畅通、顺心。

勃彼是一位在大机构工作的平面设计师,在公司进行的一次员工表现调查表中,他被大家一致公认为工作态度消极以至于其他人都拒绝和他共事。自己在大家心目当中的形象如此恶劣,而且这么多年来自己却一直没有觉察,勃彼对此非常震惊。同时,他也开始担心能否保住这份工作了。为了扭转这种局面,他向一位能客观评价他人且长期共事的同事请教,希望寻求一些改变自己的细节。这位同事反馈回来的意见看来是造成勃彼困扰的主要原因了。"在会议期间,当大家自由讨论时,你总是坐在那噘着嘴,将双臂交叉在胸前,明摆着表明你反对人家的意见嘛。"

于是,从改善他的肢体语言开始,勃彼制订了一个简单的行为调整计划。在随之而来的关于讨论新项目竞标方案的部门会议上,他不再双臂交叉了,而且努力让自己放松并且表情友善,对同事不再是批评有加,而代之以简洁、有效的提问与建议(也杜绝了以往故意唱反调的行为),这些都有效地帮助团队完善了想法。

勃彼自此把这些良好行为都养成了习惯。没多久,他的同事们开始愿意围到他身边,或向他请教,或听取各种反馈意见。他自己也从让大家避之不及的"扫把星"变成了公司月度最具影响力的人物。他取得的这些意外收获真的把他"变负为正"了吗?后来,当他治好自己曾经大声叹气的毛病之后,他发现同事们已经就此事在背后取笑他多年了。

魔力悄悄话

在自然状态中,你真正希求的事物,以及全心信任时所下的订单,全都会像河水般朝你奔流而来。研究发现,人类皮肤的表面张力能够透过自我训练或深度放松而改变,而且在完全放松的状态下,不可能有负面思考。人的真实天性就是快乐的,因为你必须要让神经紧绷起来才会不快乐。你是喜欢皱眉头的人吗?那么练习一下,当你跟每个人说话时,放松表情并面带微笑吧。

第四章
做真实的自己

通常来说，不能容忍美丽的事物有所缺憾，是一种正常心态；对许多人来说，追求尽善尽美也是理所当然的。

根据格式塔心理学，完全感是人的最基本的需要之一，假如一个人缺乏自信，生活遭挫折，那么他的完全感就会受到伤害。

所以为了避免伤害，人们尽力追求完美，但事实上，一个人要想收获成功，必须得学会接纳不完美的自己。

从某种意义上来说，不完美本身也是一种完美。

不要沉湎完美的自我表象

完美主义是一种人格特质。也就是在个性中具有凡事追求尽善尽美的极致表现的倾向。

英属哥伦比亚大学的心理学家翰威特曾经把完美主义性格分为三种类型：

第一种是"要求自我"型，他给自己设下高标准，而且追求完美的动力完全是出于自己。

第二种是"要求他人"型，为别人设下高标准，不允许别人犯错误。

第三种是"被人要求"型，他追求完美的动力是为了满足其他人的期望，总是感觉自己被期待着，时刻都要保持完美。

完美主义者的潜意识里会有许多非理性的想法，如"我一定要做到完美，否则就会让……非常失望"，"出现这样的问题都是我的错，我应该提前就想到这些……"。

在这三种类型中，"要求自我"型在生活中最为常见。通常来说，不能容忍美丽的事物有所缺憾，是一种正常心态；对许多人来说，追求尽善尽美也是理所当然的。根据格式塔心理学，完全感是人的最基本的需要之一，假如一个人缺乏自信，生活遭挫折，那么他的完全感就会受到伤害。所以为了避免伤害，人们尽力追求完美，这可能是产生"要求自我"型完美主义者的心理原因。

心理学家巴斯克认为，具有完美主义性格的人通常有下列几种特性：注意细节；要求规矩、缺乏弹性；标准很高；注重外表的呈现；不允许犯错；自信心低落；追求秩序与整洁；自我怀疑；无法信任他人。

其实，在日常生活中，我们也很容易看到完美主义者的各种表现：如有的人不允许自己在公共场合讲话时紧张，待轮到自己发言时就极力克制自己的紧张，结果越发紧张，形成恶性循环；有的人不允许自己的工作仅仅是一般,他们一定要做得最好,可事实经常是把自己折腾得不成样,工作却未必如想象的那样好……

完美主义是一把"双刃剑",有利也有弊,一方面它是使人不断向上的动力;另一方面这种对完美的追求也是一个沉重的包袱。在现代社会的多重压力下,它容易使完美主义者在面对现实时产生一种"心有余而力不足"的感觉,从而变得急躁、自卑,甚至急功近利。

再有,这种追求尽善尽美的心态不仅容易让完美主义者本人觉得痛苦,更糟糕的是这种个性也会影响周围的人。比如,一位具有完美主义性格的主管,可能会对下属也有同样的高标准与期待,搞得办公室员工紧紧张张;有完美主义倾向的父母对于儿女有超乎常人的标准与要求,进而导致孩子产生自卑心理,甚至是自闭倾向;或是完美主义的妻子,要求丈夫十全十美,既要在公司中卓尔不群,又要在家庭中温柔体贴,觉察到自己的喜怒哀乐,这样高标准地苛求,往往令丈夫产生一种无所适从的感觉,进而埋下双方矛盾的根源。

通常情况下,想把生活中每一件事都做得非常完美的人,一般不会是一个强者。相反,他们经常缩手缩脚,患得患失。他们之所以追求完美,关键在于他们恐惧缺憾,害怕令人失望以及避免感到内疚。

魔力悄悄话

事实上,一个人要想收获成功,必须得学会接纳不完美的自己。换句话说,他必须得放下完美主义的表象,忘掉那个"失败的自我",调整心态,去接受"成功的自我",并让"成功的自我"越来越成功,变得更加自信。

完美是扼杀个性的刽子手

世上不少人在花费大量的时间,只为雕刻出一个"十全十美的自己",并为此或忧虑,或疲于奔命。如果你也是这样,可要注意了! 记住,每个人在这世上都是独一无二的。大量地制造完美,是扼杀个性的刽子手。通俗地说,即我们不能为了大量地制造"完美",而人为地扼杀了自己的个性。这个道理看完下面的故事你就明白了。

最近的一天下午,我走进东京郊外的一家陶器店,碰巧遇见一个制陶工停下手里的活,在检查产品质量。

我在店里转了转,然后请出店主,和她攀谈起来。店主告诉我的第一件事是,制陶工根本无法预料窑里的陶器烧出来是什么样子。她说,每次开窑的感觉有点像圣诞节的早晨:有时候能收获很多精美的礼物;有时候天气条件的剧烈变化导致窑内多数陶器爆裂,因此只能收获一窑炉灰。烧制陶器的迷人之处就在于无法预料结果,又会有意外的惊喜。店主说:"制陶店会让人保持谦恭,学会顺从并接受未知事物。"

接下来,她给我讲了陶器的设计和功能。对很多制陶工来说,主题很重要。她说:"好看不好用的陶器没有意义,好用不好看的陶器也没有意义。"

我决定要买,于是挑选出六件陶器,摆上柜台,请店主逐一点评。

她说:"陶器上总会留有无法避免的瑕疵。我通过你感兴趣的几件陶器,谈谈自己的看法。"

"请看第一件,釉料厚度内外不均匀。我尝试用各种办法进行抛光,可惜釉料太硬了,效果不理想。"

"然而,正是釉料的不均匀,使得这件陶器极富情趣,色彩层次富于变化。"

"接下来,这只碗形状并不圆润。我身材瘦小,在转盘上做这么大的陶坏可不是件容易事。其实这是我目前能做的最大陶器。我喜欢做一些这种规格的陶器，这些碗可以测出我到底能做多大的陶器。制作过程中碗变得不圆润会让我紧张，这正是这件陶器吸引我的地方。"

"最后，你会发现第三件陶器要比前两件便宜得多。"

"这件陶器做工精美，可是我觉得有点'太完美了'，看上去像是机器做出来的。因此价格便宜很多。"

"这把壶造型圆润，无可挑剔，釉料遍布整个壶身，却因此失去了与众不同的独特之处。我太熟悉这种壶的做法了，所以已经不再制作这种形状和规格的陶器。这些壶完美无缺地摆在面前，会让人觉得壶的灵魂已经丢在了窑里。"

制作陶器如此，塑造个人亦如此。对人而言，要想增强自己的可塑性，放下完美主义的表象迫在眉睫。那么，如何才能摆脱完美给我们生活带来的压力和阴影呢？以下是一些行之有效的小方法，非常值得一试。

1. 从心理上承认有不完美才是真正的人生

生活绝不可能一帆风顺，遇到挫折和处于低谷时，自信和乐观至关重要。自暴自弃是愚人之举。学会换个角度看问题，正因为生活中有让你感到沮丧、绝望的问题，你才会付出更多努力，才更懂得珍惜所得到的。不如你意的事情，令人黯然销魂的失败，和成功一样都是构成你丰富人生体验的要素。有不完美才是真正的人生。放宽标准，放松要求，容许自己有"不够好"的部分，允许自己有"需要改进"的地方。当你把要求世界是 100 分变成只要 80 分的时候，你的人生将变得更有趣，更有弹性。

2. 不要过分地苛求自己

不要对自己过于苛求，工作上给自己定一个"跳一跳，能够着"的目标，只要对得起自己的努力和灵魂，不要太在意上级领导以及同事对自己的评价。否则，工作中遇到一丁点儿挫折就可能导致你身心疲惫。生活中，也不要为了让周围每一个人都对你满意而处处谨小慎微，必要时不妨有点"我行我素"的气魄。你要知道，如果让所有的人都满意你，却唯独亏待了自己，别人反而会误以为你是个胆小懦弱的人，对你是没有什么好处的。

3. 学会放松并排遣掉内心的不悦

情绪的过分紧张和焦虑，会影响一个人解决问题的能力。生活中往往会遇到一些出乎意料的事,这时我们应学会放松,调节自己的情绪,保持生活的规律和睡眠的充足,以饱满的精神状态面对问题,并解决问题。学会倾诉和寻求帮助来排遣掉内心的不悦,生活中绝大多数人都有一颗助人为乐的心,不妨找一个听你诉苦的朋友"一吐为快"。

4.纸条警示法

在洗漱台的镜子旁(或者你认为的最显著之处)贴一张写有警示语的纸条,上面写着:"学会喜欢你的……一切。"并时时刻刻提醒自己:人无完人,金无足赤。人与人之间的不同,从本质上说,只是不同特质的外在表现,所以要学会接受自己从头到脚的特质。

魔力悄悄话

每个人多多少少都有一些完美主义倾向,对此无须过于担心。我们应该看到完美主义的你有着诸多的优点,比如,严格自律,意志坚定、执着,仔细周到,计划、秩序、组织性强,这些优点只要发挥得当,不要只重细节而忘了主要目标,你(完美主义者)绝对是个卓尔不群的人,有足够的信心去面对来自工作和生活的挑战。

把自责变成自我激励

根据吸引力法则，你只能从外在世界吸引到那些像镜子一样，可以映照出你的内在的人与事。在别人身上看见优点，你也会发现自己身上的优点。别人说你坏话，因为你也说自己坏话。源于"缺乏"的自责情绪，是怎么也不能吸引到"拥有"的感觉。为了要把我们想要的东西吸引到我们的生命中，我们一定要改变自己全神贯注的焦点，将自责变成自我激励，这一来，我们的感觉会变，而我们的振动也会随之而发生变化。

曾经在书上看过这样一则故事：一只猫要抓老鼠，老鼠躲在洞里，心想：我出去就完了，会被猫抓住，但我要是不出去，最终也会饿死在这里。于是老鼠开始琢磨如何躲过猫，逃出去。老鼠成功了，它趁猫打瞌睡的时候，一溜烟地跑了，等猫发现急匆匆地扑上去时，却晚了一步。书上问，猫没有抓到老鼠，它会怎么样呢？

这只没逮住老鼠的猫会自责得跺脚，痛骂自己是一只又蠢又呆的大笨猫吗？猫不会，猫会去抓下一只老鼠，但很多人遇到这种情景，却会不断地在原地指责自己。他们将自我检讨等同于自责，并且强烈地责怪自己，直到把自己逼入死角。联想一下猫捉老鼠不成功后猫的表现，你是否强烈地感觉到自责是没有意义的呢？如果答案是肯定的，那就对了！

关键的时候，我们必须作出抉择：自责或自我激励。也许有人会问，尽管我知道过于自责于事无补，但我还是觉得自己是一个很会自责的人，该如何是好呢？不要过于担忧。只要你学会转移注意的焦点，就会变成很会自我激励的人，差别就在于聚焦之处是正面还是负面。

享有"西方古典音乐中的恺撒"美誉的贝多芬，便是将自责变为自我激励，最终创造音乐史上神话的活例。

1770 年 12 月 6 日,贝多芬诞生在波恩市的一个音乐世家。他 4 岁时就会弹奏羽管键琴,8 岁起就登台演出,并获得了"音乐神童"的美誉。10 岁时,他拜师于普鲁士最著名的音乐教育家聂费。12 岁时经聂费的推荐,到瓦尔特斯坦伯爵的宫廷乐队充任管风琴师助手,这是贝多芬"音乐仆役"生涯的开始。

17 岁时,贝多芬去拜访音乐大师莫扎特,受到热情接待。莫扎特在听完贝多芬弹了几首钢琴曲子后兴奋地说:"各位,请注意这位年轻人,不久的将来他就会博得世人的称赞!"莫扎特还答应给贝多芬上课。可惜此后两个月,贝多芬母亲突然去世。对此贝多芬父亲意志消沉,终日酗酒,贝多芬不得不挑起了养家糊口的重担,再次回到原来的歌剧院当钢琴师。

19 岁那年,法国大革命爆发,贝多芬满怀激情地写了《谁是自由人》的合唱曲来表达他对自由与民主的渴望。后来贝多芬通过人介绍,认识了李希诺夫斯基公爵。他很欣赏贝多芬的才华,收他为音乐仆役。贝多芬也很快以自己的即兴钢琴演奏迷住了维也纳人。其音乐旋律时而如细水潺流,时而如惊涛骇浪,时而如鸟语鸡鸣,时而如暴风骤雨。有人曾评论贝多芬的即兴曲"充满了生命和美妙"。

30 岁时,贝多芬爱上了一个伯爵小姐朱丽叶·琪查尔迪。但她父亲嫌贝多芬出身低贱,硬是把女儿许配给一个伯爵。这给了贝多芬极大的精神刺激,据说他的名曲《致爱丽丝》就是在这段时间内创作的。

失恋固然令他伤心,但更令他伤心的是他的耳朵开始发聋。他说:"我过着一种悲惨的生活……要是干别的职业,也许还可以;但在我的行当里,这是最可怕的遭遇!"贝多芬曾竭力治疗,却无济于事,他搬到维也纳乡下去疗养了两年。结果病情不但没有好转,反而更加恶化了,就连窗口对面的教堂钟声都听不到了。

绝望中,贝多芬多次自责,并一度想到了死,但他又不甘心就这样离开人世。一天,他回过味儿来,坚信只有音乐才能拯救他。他自我激励地说:"我要扼住命运的咽喉,不容它毁掉我!"贝多芬立志要在余生中从事音乐创作。

贝多芬从 32 岁起开始音乐创作。在近两年的彷徨与探索后,他终于创作出第一部具有自己鲜明特点的作品——《第三交响曲》(《英雄交响曲》),其最突出的特点是音调跌宕起伏,时而沉静凝思,时而愤慨咆哮,令人情绪激愤。维也纳的宫廷乐会少了一位出色的钢琴弹奏家,但世界乐坛却诞生了一位不朽的作曲家。

音乐大师贝多芬的故事印证了著名的教育学教授克莱里·萨弗让的话:"如果你能自我激励,改变你的思想,从悲观走向乐观,你便可以使你的一生发生改变。"很多研究也表明,自我激励能助人幸福,更健康,并且能取得成功;相反,不善于激励自我的人容易放弃希望,陷入绝望,还容易身患疾病,等待这些人的结局,除了平庸,便是失败。

魔力悄悄话

自我激励是人对美好事物的向往、追求和希望,它能激发力量、引发智慧、鼓舞斗志。如果没有激励就不会有进步产生,就不会有相应的行为和产生良好的效果。为了把人生烹饪得有滋有味,我们需要把"自我激励"(而不是"自责")的佐料添加到生命中来。

五种行之有效的自我激励方式

美国哈佛大学的心理学家威廉·詹姆斯经过研究发现,一个没有受过激励的人。仅能发挥其能力的 20%~30%,而当他受到激励时,其能力可发挥至 80%~90%,即一个人在通过充分的激励后,所发挥的作用相当于激励前的 3~4 倍。

通常来说,自我激励大致有两种境界。第一种是仅仅顺应自己的特长,发展成为其从事领域的顶尖人物。第二种境界是顺应时代社会潮流而激励自己的行为。这种自我激励与第一种相较,其发展空间会越来越大。

第一种自我激励境界以巴顿将军为代表。

在第二次世界大战期间,巴顿作为一个装甲师的中将,一直从诺曼底打到柏林,是战争之神。他把装甲战这种快速出击战术运用到了极致。有人评价巴顿就是为战争而生,是为战争胜利而生。这样的人非常敬业,是个天才。但是,他也很容易失去理智,不是一个帅才,他只能是一个将军。

巴顿鞭打受伤逃兵的事件很能说明问题,在西西里战役期间,巴顿将军是第 7 集团军从杰拉直捣墨西拿的持续进击中的主要支柱。他绝对不能容忍拖延或任何借口的迟误,结果使该集团军得以迅速前进,这对早日粉碎西西里敌人的抵抗起了很大的作用。在整个战役中,他对自己和对部下都一样的严苛要求,致使他对个别士兵的要求近乎残酷。在他两次去医院看望伤病员时,都碰到了没有负伤而被送回后方的病号,他们患有通常所谓的"战斗忧虑症",具体来说就是精神失常。其中一人正在发烧,这两次他都一时暴躁,其中一次还动手打了人,并且把那个士兵的钢盔打落在地。他靠什么激励自己?胜利,胜利,胜利!战争,战争,战争!靠这种激励,他在战争年代会永远打到最后,是一个英雄。但是,他达不到第二境界。等到战争结束之后。巴顿就不知道下一步该做什么了。

第二种境界以丘吉尔、罗斯福为代表,还有巴顿的上司麦克阿瑟。他们是为胜利而生的,但是,他们绝不是为战争而生。巴顿没有对人类的热爱,甚至可以说他没有对美国人民的热爱,更没有对和平的热爱。而像丘吉尔、罗斯福这样伟大的政治家,打败法西斯,靠的不是为战争胜利而生的信念来激发的,他们靠的是对民族、对整个人类、对人性的热爱,靠的是人性、人道。因此,丘吉尔不仅在战后当了首相,即使他不当首相后,他还是一个伟大的政治家,还是一个时代的英雄,永远不落伍,直到他死。

自我激励对个人成功的重要性可见一斑。那么,我们该如何有意识地为自己喝彩呢?下面是一些行之有效的自我激励方式,值得一试。

1. 准备一个"奖状"公布栏

在家里找一个你每天最常经过的一面墙。挂上一个小小的公布栏。把所有能够展现自我价值的"奖状"都集中在上面:比如说辛苦设计的提案报告封面,领导对你的工作表示认可而称赞你的词句,或是生日临近的时候同事送你的小礼物。每天经过它时就顺便瞅一眼,你就能吸收它带给你的正面能量。当然也要记得每个月更新,否则容易沉溺于过去的成绩中不可自拔,进而导致停滞不前。

2. 专注于如何解决问题

停止任何负面的、责备自己的想法,专注于如何解决问题。或许在电话或电脑旁贴一个禁止标志,可以提醒自己不要陷入负面的思考中。

3. 把握好情感

不断追求挑战,体内就会发生奇妙的转变,从而获得新的动力和力量。但也不要总想在自身之外寻求愉悦。因为令你愉悦的事不在别处,就在你身上。所以,找出自身的情感高涨期来不断激励自己不失为一种好方法。

4. 迎接惊骇

世上最秘而不泄的体验是,战胜惊骇后迎来的是某种平安而有所益处的工具。哪怕战胜的是小小的惊骇,也会增强你对缔造自身能力的信念。一味地想避开惊骇,它们便会像疯狗一样对你紧追不舍。此时,最恐怖的莫过于双眼一闭,假装它们不存在。这样极易导致不尽如人意的结果。与其等到涩果降临时自责,不如在缔造果实前自我激励,迎接惊骇。

5. 培养自信力

要想战胜浮躁的情绪、消沉的心境，最重要的一点就是要尊重自己，相信自己，把大目标设定成许多小目标，达到一个小目标时给自己一些奖励，哪怕是从精神上鼓励自己。挖空心思、大海捞针般地捞到可让自己最欣赏的、让自己最兴奋的优点和成绩，加固并把它形成与众不同的自我核心竞争力。

魔力悄悄话

对个人来讲，如果单单依赖外部激励是消极的、被动的，在某种程度上也是作用不显著的。因此，与其坐等外部激励，不如积极进行自我激励。自我激励不一定局限于物质领域，精神奖励也照样行得通！懂得自我激励的人能够始终保持乐观的态度，能够不断克服面临的困难，逐渐培养自己坚强的个性，顽强的品质，最终他会是一个成功的人。

第五章

信念是成就的根基

影响我们人生的,不是环境也不是遭遇,而是我们拥有什么样的信念。

信念是一支火把,它能最大限度地燃烧一个人的潜能,指引他飞向梦想的天空。

事实上,人生从来没有真正的绝境。无论经历多少苦难,无论遭受多少艰辛,只要心中还怀着一粒信念的种子,那么总有走出困境的一天,让生命重新开花结果。

人生就是这样,只要"种子"还在,希望就在;假使"种子"出现问题,一切都是空。

增强你信念力量的行动指南

现在,我们知道信念的力量,就是当你用你全部的能力去思考一件事时,它总是会有出路的。正应了那句俗语:"往好里想,就会有好结果;往坏里想,就会有坏结果。"

记得曾读过一篇名为"信念的力量"的文章。文章这样写道:

鲁西南深处有一个小村子叫姜村,这个小村子因为这些年几乎每一年都要有几个人考上大学、硕士甚至博士而闻名遐迩。方圆几十里以内的人们没有不知道姜村的,人们会说,就是那个出大学生的村子。久而久之,人们不叫姜村子,大学村成了姜村的新村名。

姜村只有一所小学,每一个年级只有一个班。以前的时候,一个班只有十几个孩子。现在不同了,方圆十几个村,只要与村里有亲戚关系的,都千方百计把孩子送到这里来,人们说,把孩子送到姜村,就等于把孩子送进大学了。

在惊叹姜村奇迹的同时,人们也都在问,都在思索:是姜村的水土好吗?是姜村的父母掌握了教孩子的秘诀吗?还是别的什么?

假如你去问姜村的人,他们不会告诉你什么,因为他们对于秘密似乎也一无所知。在20多年前,姜村小学调来了一个50多岁的老教师,听人说这个教师是一位大学教师,不知什么原因被贬到了这个偏远的小村子。这个老师教了不长时间以后,就有一个传说在村里流传。这个老师能掐会算,他能预测孩子的前程。原因是,有的孩子回家说,老师说了,我将来能成数学家;有的孩子说,老师说将来我能成作家;有的孩子说,老师说,将来我能成音乐家;有的说,老师说我将来能成钱学森那样的人,等等。

不久,家长们又发现,他们的孩子与以前不大一样了,他们变得懂事而好学。好像他们真的是数学家、作家、音乐家的材料了。老师说会成为数学家的孩子，对数学的学习更加刻苦，老师说会成为作家的孩子，语文成绩更加出类拔萃。孩子们不再贪玩，不用像以前那样严加管教，孩子也都变得十分自觉。因为他们都被灌输了这样的信念：他们将来都是杰出的人。而有好玩、不刻苦等恶习的孩子是成不了杰出人才的。

家长们很纳闷，也将信将疑，莫非孩子真的是大材料，被老师识破了天机？

就这样过去了几年，奇迹发生了。这些孩子到了参加高考的时候，大部分都以优异的成绩考上了大学。

这个老师在姜村人的眼里变得神乎其神，他们让他看自己的宅基地，测自己的命运。可是这个老师却说，他只会给学生预测，不会其他的。

这个老师年龄大了，回了城市，但他把预测的方法教给了接任的老师，接任的老师还在给一级一级的孩子预测着，而且，他们坚守着老教师的嘱托：不把这个秘密告诉给村里的人们。

显而易见，老师守口如瓶的秘密就是"信念的力量"——你怎样想象，你就将拥有怎样的人生。那么，我们该如何做才能获得并增强信念的力量呢？这里有三个行动指南。

1. 思考成功，不要思考失败。

思考成功塑造你的心灵，创造出引导成功的规划。思考失败则产生完全相反的结果，它将侵蚀你的心灵，导致你最终失败。所以，无论是在工作中，还是在学习中，我们要学会用成功的思维代替失败的思维。当你面对困难的状况时，应该想的是"我将会成功"，而不是"我可能输掉"；当你同其他人竞争的时候，应该想的是"我就是最棒的"，而不是"我可能出局"；当机会出现在你眼前时，应该想的是"我能够做"，而绝对不要说"我不能"。从即刻起，尝试着让伟人们的思想"我会成功"主宰你的思考过程吧。

2. 不断地提醒你自己，你比你想象的要好得多。

成功的人并不是超人。成功并不意味着要有超人的智力。成功也不是什么神秘的东西。成功并不是基于运气的好坏。成功人士也只是一些对自己和自己所做的事情怀有坚定信念的普通人。绝对不要——是的，绝对不要——低估你自己。

3. 勇于相信。

你成功的大小取决于你的信念的大小。思考渺小的目标,就会期望渺小的成就。思考大的目标,就会赢得大的成功。请记住这一点:大的想法和大的规划通常比小的想法和小的规划更加容易——肯定不会更加困难。生活是立体的,在其每个侧面和交叉点上都蕴涵着成功的契机,我们要相信自己,不断打造自己,让无悔的追求、坚定的信念终生相随。

魔力悄悄话

美国的传教士兼作家马菲博士在其著作中也强调说,"想象一些好事,好事便发生了;想象某些坏事,坏事便发生了。"

作为一个世界闻名的汽车大王,福特亦深有感触地说道:"认为自己能行是正确的,认为自己不行也是正确的。因为,不论是前者还是后者,结果会按你认为的那样出现。"

有信念就有希望

一个冷酷无情的人,嗜酒如命且毒瘾很深。一次他在酒吧里因看一个酒保不顺眼而犯下了杀人罪,被判终身监禁。他有两个儿子,年龄相差一岁,其中一个同样毒瘾甚重,靠偷窃和勒索为生,后来也因杀人而坐监。另外一个儿子却既不喝酒也未吸毒,不仅有美满的婚姻,养了三个可爱的孩子,还担任一家大企业的分公司经理。

在一次私下访问中,问起造成他们现状的原因,两人的答案竟然相同:"有这样的老子,我还能有什么办法?"

有两位年近七旬的老太太,一位认为到了这个年纪可算是人生的尽头,于是便开始料理后事;另一位却认为一个人能做什么事不在于年龄的大小,而在于怎么个想法。于是,她在70岁高龄之际开始学习登山。随后的25年里一直冒险攀登高山,其中几座山还是世界上有名的。就在最近,她以95岁高龄登上了日本的富士山,打破了攀登此山的年龄最高纪录。她就是著名的胡达·克鲁斯老太太。

这两个故事告诉我们:影响我们人生的,不是环境也不是遭遇,而是我们拥有什么样的信念。信念是一支火把,它能最大限度地燃烧一个人的潜能,指引他飞向梦想的天空。

众所周知,如果敲响一支音叉,尽管满屋子都是音高各个不同的音叉,却只有那些调整在相同频率的音叉会产生共鸣。即使发出响声的那支音叉远在屋子的另一头也一样——物以类聚,这是物理学的铁律。但是音叉永远不会改变音调的频率,而我们人类忽高忽低的情绪,却促使我们释出振波的频率与磁场强度,随着情绪不停变换,我们可能一下子如同小鸟般雀跃欢腾、如太阳般闪烁光芒,但下一刻又如同压在手掌下的飞蛾一样欲振乏力。而不管到头来导致怎样的处境,都是源于我们当下的感受以及感受的强度。

如果我们一下子发出高频波、一下子又发出低频波，后波起、前波灭，那么我们的生命就不可能有大转变，就算转变也不会很快。因此，把坚定的信念注到我们的生命中，使其引导日常生活中的言行举止，理应成为每个期盼成功之人必须要做的事情。

他从小被一对大学教授夫妇收养，两岁的时候，他突然就奇怪地停止长高了，而且他的健康状况也越来越差。

经过专家会诊，他患的是一种罕见的阻碍消化和吸收食物营养的疾病，医生们认为他只能再活6个月了。还好，通过静脉注射营养液，他勉强恢复了体力，但是他的生长发育受到了抑制。

他在医院里住了很长一段时间，一直到9岁。他只能在心里计划着去报复那些嘲笑他、管他叫"花生豆"的孩子们。多年以后，他回忆道，在他的潜意识里面，"那一切的经历让我梦想在体育上能取得一些成功"。有时，他的姐姐苏珊会去滑冰场滑冰，他总是跟着一起去。他站在场外，那么虚弱瘦小、发育不良，鼻子里还插了一根直到胃里的鼻饲管，平时那根管子的另一头就用胶带贴在他的耳朵后面。

一天，他看着他的姐姐在冰面上飞驰，突然转身对父母说："听我说，我想试试滑冰。"两个正在谈话的大人吓了一跳，难以置信地看着病弱的孩子。结果是，他试了，他喜欢上滑冰，他开始狂热地练习。在滑冰之中他找到了乐趣，他可以胜过别人，而且身高和体重在滑冰场上并不重要。

在第二年的健康检查中，医生吃惊地发现，他竟然又开始长个儿了。虽然对他来说想达到正常的身高已经不可能了，但是他和他的家人都不在乎了。重要的是，他正在恢复健康，正在获得成功，正在实现自己的梦想。后来，没有哪个孩子会再嘲笑、戏弄他了。正好相反，他们全都欢呼着冲上前去请他签名。他刚刚参加了又一次令人赞叹的世界职业滑冰巡回赛，一系列的高难度的冰上动作让观众如痴如狂。

目前他已经退役，不再当职业滑冰选手了，但是他仍旧是冬季运动中受人尊敬的教练、顾问和评论员。虽然他身高只有1.59米，体重才52千克，但是他肌肉健美，精力充沛，这就是前奥运滑冰冠军——斯科特·汉弥尔顿，他自信而自强，身高无法限制他的信念和力量。

方法力——为有源头活水来

事实上，人生从来没有真正的绝境。无论经历多少苦难，无论遭受多少艰辛，只要心中还怀着一粒信念的种子，那么总有走出困境的一天，让生命重新开花结果。人生就是这样，只要"种子"还在，希望就在；假使"种子"出现问题，一切都是空。

魔力悄悄话

依照吸引力法则，我们向宇宙发出开心欢畅的高频波，就会引来令人开心欢畅的高振频情境；倘若心生不快的低频波，则会引来令人不快的低振频情境。不管哪一种状况，到头来引发的情境，都跟我们先前释放出去的波（情绪、信念）相同，因为被吸引进来的情境，一定跟先前释放出去的波一模一样。所以，就算遭逢天大的厄运，只要我们向宇宙发出高频波（积极的情绪、信念），就终会将这种困境摆脱掉。

什么种子结什么果

美国超人气激励大师卡米洛·克鲁兹形象地指出,思想是种子,我们生活中所发生的一切均由这些种子生长而来。我们有播种思想的义务。我们选择为自己的大脑灌输什么样的思想,就会为自己创造什么样的境遇。成功或是失败皆为不同的思想所致。

如同每种植物必须经历播种和发芽的过程,没有种子就不可能发芽一样,我们的行为也来源于思想这颗隐形的种子。没有思想的种子就不可能有行为的存在。行为是思想之花,花儿孕育着果实,不论这果实是成功的硕果还是失败的苦果。

美国有家商学院布鲁金斯学会(创建于 1927 年,是世界上最权威、最有影响力的推销员组织),它为学生设立了一个天才销售奖,要想获得这个奖项,就是要把一个旧式的砍木头的斧子,销售给现任的美国总统。

2001 年 5 月 20 日,美国一位名叫乔治·赫伯特的推销员,把一把斧头成功地推销给了小布什总统,获得了布鲁金斯学会的"金靴子"奖。

这是一件很难的事,克林顿总统没有这样的爱好。但在布什总统刚刚上任的时候,乔治·赫伯特,经过精心策划,向他发出了一封信,信中这样写道:

"尊敬的布什总统,祝贺你成为美国的新一任总统。我非常热爱你,也很热爱你的家乡。我曾经到过你的家乡,参观过你的庄园,那里美丽的风景给我留下了难忘的印象。但是我发现庄园里的一些树上有很多粗大的枯树枝,我建议您把这些枯树枝砍掉,不要让它们影响庄园里美丽的风景。现在市场上所卖的那些斧子都是轻便型的,不太适合您,正好我有一把祖传的比较大的斧子,非常适合您使用,而我只收您 15 美金,希望它能够帮助您。"

布什看到这封信以后,立刻让秘书给这位学生寄去 15 美金。于是一次几乎不可能的销售实现了，一个空置了许多年的天才销售奖项终于有了得主。

"这个人不会因为某一目标不能实现而放弃，不因某件事难办而失去自信！"为此，布鲁金斯学会开了一个表彰大会，会上，主持人意味深长地看着参加会议的所有来宾，然后指了指身边其貌不扬、有些腼腆的乔治说："你们好好地瞧瞧他吧，有没有发现乔治有什么特别之处？难道他比你们聪明100倍吗？不，至少根据我的观察，他完全不是。我可以实话告诉你们，有关测验显示他比你们都要平庸。"

接着又说："那么，是乔治工作努力的程度比你们多100倍吗？事实上，他所花费的工夫比你们大多数人要少得多。"

这个时候，全场鸦雀无声，人们完全被这一席话震住了。

"是乔治和布什家族有什么渊源吗？是因为乔治教育背景显赫吗？"

全场一片寂然，等待着一个石破天惊的答案。

"其实他与你们一样平凡，那么乔治的销售魔力是什么呢？我的结论是，乔治与你们的不同之处在于乔治的思想比你们的思想大100倍！"

主持人似乎有点得理不饶人，他继续对大家说："在决定一个人成功的因素中，体力、智力、精力、人脉、接受教育的程度都在其次，最重要的是一个人思想能力的大小！有史以来，所有成功的案例都反复证明了一个道理：一个人在银行有多少存款、在社会上有多少名望，以及对物质和精神满足程度的深浅，主要依赖于一个人思想能力的大小。一句话，高瞻远瞩的思想是神奇无比、无坚不摧的。"

魔力悄悄话

詹姆斯·亚伦曾指出，人们应该对自己向大脑中所灌输的思想全权负责。的确是这样。通过选择并刻意培养高瞻远瞩的思想，我们可以成为主宰自己命运的设计师，而这也是你吸引力法则的精华所在。

化消极思想为积极思想的技巧

在现实生活中,不少人头脑中会闪现出一系列的消极思想。这无可厚非,重要的是,我们不能始终沉溺于消极思想中不可自拔,而要善于将消极思想加以转换,从而为自动地积极应对困难的局面创造条件。

举个例子:

如果你提前从人力资源部获悉你要被炒鱿鱼,一个月后公司将通知你办理离职手续,你可能会产生下面一些消极的思想:

"我完蛋了,年龄这么大,再也找不到用我的单位了。"

"糟糕极了,两个月后我拿什么来还银行房贷啊?"

"为什么偏偏解聘我呢? 公司最先解聘的应该是小王。"

这些消极的思想可能会使我们在作出决定时草草率率,其结果往往是抓住第一个可能找到的工作不放,放弃了其他的机会或一蹶不振,甚至大病一场。

正如福与祸是可以相互转换的,我们的消极思想也可以转换为积极的思想——只需要找出有关事项潜在的有利因素即可。下面是因为被炒鱿鱼而可能出现的积极思想:

"我终于获得解脱的机会了。我习惯于墨守成规,现在的解脱真是天助我也。"

"我这么有才华,精力还充沛,工作认真负责,肯定能够找到工作,这一点我从不怀疑。找工作需要一个过程,不过我这么优秀,肯定能马上有工作机会。"

"现在我总算能好好地陪陪家人了。如果家人乐意的话,还可以一起去外地旅游一趟。"

如何选择自己对事物的看法决定了世上事物的各种差别。美国参议员S·I·早川一会曾指出:"要注意以下话语所带来的区别,一个是'我已经失败了5次',另一个是'我是个失败者'。"后一句将"失败"个人化了。这种消极的思想可能产生一种自我否定价值或自我怜悯的情感,而前一句则暗示尽管有的目标我还没有完成,但我还有更多尝试的机会。

以下是化消极思想为积极思想的具体步骤:

如果你的消极思想是默念式的,也就是说,你好像听到脑海中有个声音在嘟囔着某种你想改变的事,比如,"我非常疲劳。"如果这种消极思想是图像式的(脑海中的图像)或是身体知觉式的(内脏不舒服),你也可以用与此相似的方法。在很多情况下,这些念头会以三者结合的方式出现(图像、声音和知觉)。

第一步:把消极思想图像化。

把脑海中的小声音转换成相关的图像。比如,假如你想的是"我是个笨蛋",那就想象自己戴着一顶小丑帽,衣着滑稽可笑,像个跳蚤般上蹿下跳。想象你被很多人围观,你一边大叫"我是个笨蛋",围观者一边对你指手画脚,甚至是向你投掷臭鸡蛋。

图景越夸张越好。在脑中一遍遍演练,直到你每次一有这种消极念头,脑中就会自动出现这个滑稽的场景。

假如你觉得把消极思想图像化是件困难的事情,也可以用上述办法把它听觉化。把消极思想转换成声音,比如你哼唱的旋律。用声音取代图像,完成上述过程。

第二步:选择一种积极想法取代另一种消极想法。

摆在眼前的问题是,你究竟选择用哪种想法来取代那个消极想法。假如你总是在想:"我是个笨蛋",你不妨就用"我是个天才"取而代之。选择一种能消除原有消极想法造成的影响的新想法,这一点至关重要。

第三步:尝试着把你的积极思想图像化。

现在,参照第一步的过程,用积极思想建立一个新的思维场景。就"我是个天才"这句话来说,你也许会想象自己鹤立鸡群,像超人那样双手叉腰站着。想象你头顶上方出现了一个巨大的照明灯。灯所发射出来的光芒如此耀眼,你看到自己正在高呼:"我是个天——才——!"然后,一而再,再而三地重复该场景,直到想到此话时脑海中便能自动浮现。

第四步：把两幅截然相反的图像联系起来。

现在，在脑海中把第一步和第三步设置的场景联系起来。然后，你需要想办法把第一个场景发展到第二个场景。注意，是"发展"，而不是"简单的切换"。因为"简单的切换"效果并不尽如人意，也很难持久。有效的办法是，设想自己是个电影导演，现在已经有了开头和结局，因此必须设计出过程。鉴于你的电影极其短暂（只有几秒的时间），因此，你要想方设法让剧情迅猛发展。比如，第一个场景中的围观者之一可能会朝那个"笨笨"的你扔一个亮着的手电筒。"笨笨"的你抓住了它，把它拧在那个人的头顶上，他疼得缩了回去。灯泡马上变得巨大，并发出耀眼的光芒，围观者纷纷闭上双眼。这时，你扯下身上的滑稽服装，露出里面华丽的衣服。你像超人般昂首阔步到高处，高呼："我是个天——才——！"围观者纷纷俯首称臣。

还是那句话，场景越夸张越好。夸张能让你更容易地记住，因为我们的大脑天生就喜欢记忆非同寻常的事物。一旦你把全部场景都想好了，就再快速地重复它们，直到你可以在两秒之内把它从头到尾想完，1 秒之内能完成自然再好不过。

第五步：测试一下你的思维转换是否有效。

接下来，就得测试一下你的思维转换是否有效。一旦头脑中闪现消极念头，你就应该能迅速想起积极的念头。如果你前面的步骤没做错，那积极的念头你想抑制都抑制不了。消极念头是你的头脑自动运行整个模式的源头。所以，无论何时，只要你瞬间想到"我是个笨蛋"，在你反应过来之前，这个念头就会变成"我是个天才"。

魔力悄悄话

我们必须明白：使自我的消极思想变得积极起来可以造成惊人的结果。不管一个人自认为自己是何等的消极和悲观，积极地看待事物的能力是人人与生俱来的。你在紧急情况下依然能保持沉稳，甚至是宠辱不惊，还是在日常生活中为了一些芝麻大的事情而烦躁不安，关键在于你是否掌握了消极思想的转换技巧。

第六章
提升人格改变命运

在你身上是否也有类似的事情发生过?如果你身无分文,垂头丧气,你在家庭和事业上都很不如意,我们有理由相信这肯定不是你愿意的。此刻,你应该仔细思考这些问题——我为什么不成功?我为什么境遇如此糟糕?事实上,许多人都曾经想过它们,但得到的结论几乎相同:"条件有限!"相当一部分人极容易把自己的失败归罪于客观世界,而不愿意作内心的反省。他们认定是条件限制,于是就认定自己难以改善命运。殊不知,一旦内心的这种消极情绪占了上风,自己也就选择了失败的宿命。

真的是"人的命天注定"吗

在现实生活中,我们常常听到这样一句话:"人的命天注定。"意思是说,一个人从出生的那一刻起,他的性格命运就注定了。也许你听后会嗤之以鼻:"哼,我的命运怎么可能是上天注定的呢!"并将其归入宿命论的范畴。但是,根据吸引力法则,这句话是有一定道理的,我们对它不能抱持"一棍子打死"的态度。

通过现代物理学研究,我们知道宇宙天体都是处于不断运动的状态中。只要有运动,就会产生宇宙空间的磁场与波动,进一步使空气中到处充满着宇宙的波动、磁场、信息。人处身其中,这些东西自然就会影响到人的个性。人呱呱坠地的瞬间,他吸入的第一口空气,叫生命元气,这里面便包含着宇宙天体的信息,因此我们说人从出生(甚至在受精卵阶段)就注定有相关天体宇宙的个性。从这种意义上说,确是"人的命天注定"。有一些人说算命占卜或占星术等东西很准,就是这个道理。然而,也有一些人说它们不准,并用铁一般的事实证明预言的荒谬性。

对于同一事物,人们为什么会出现截然相反的态度?又为什么会导致截然相反的结果呢?在解释原因之前,我们先来看这样一个故事。

正值赶考时节,有一位秀才欲赴省城大考,偏偏妻子随时可能临盆。留她一人在家中也不能安心,于是带着妻子同行,希望能一起到省城之后才生产。殊不知,不知道是一路旅途劳顿,还是动了胎气,孩子急着想早一刻出来。妻子居然在半路上肚子痛了起来,眼看就要生产了。沿途住家稀少,勉强前行了一段路,才找到一处人家,秀才急忙上前敲门。这户人家以打铁为业,刚巧铁匠的老婆也正要生产。算来也是秀才的运气好,现成的接生婆正好顺道帮妻子接生。

过不多时,秀才的妻子和铁匠的老婆产下两个男孩,母子平安。两个男孩算来竟是同年同日且同一时辰生下的。

16年后，秀才的儿子长大了，也继承父业，考上了秀才。老秀才大喜之余，想起铁匠的儿子与自己的秀才儿子的生辰八字相同，想来此时必定也是个秀才了。

回想当年收容妻子临盆之恩，秀才便准备了四色礼物，专程赶往铁匠家中，欲向他道贺儿子高中之喜。

等到了铁匠家中，只见老铁匠坐在门口吸着旱烟，屋内一个年轻后生，赤裸着上身正忙着打铁。秀才将礼物呈上，并问老铁匠的儿子哪里去了。

老铁匠指了指门内，说道："喏，不就在那儿。哪里也没去啊！"

老秀才诧异道："是他？这可真是奇怪了。按命理说来，你儿子和我儿子生辰时刻相同，八字也一样，理应此时也是个秀才啊，怎么会……"

铁匠大笑："什么秀才，这小子从小跟着我打铁，大字也识不得一个，拿什么去考秀才啊！"

老秀才至此方才大悟，生辰命理做不得准，处于不同环境的际遇以及人们对自我的要求不同，自然最终的际遇也大不相同。

这个故事启示我们，降临到我们身上的结果，与根本就不存在的命运无关：唯一扯上关系的，是我们当下用什么频率在振动！而振动就是感觉，有感觉就有力。就是这样！

我们虽然有些东西(如性别、肤色、血型等)是先天注定的，但很多东西(如贫富、阶级、性格等)却是后天可以改变的。这就看个人后天地改变了。

魔力悄悄话

人是小宇宙，外在所有因素是大宇宙，大宇宙是很容易改变和影响小宇宙的，但小宇宙要改变大宇宙，就得先改变你的心态，改变你的生活环境，改变你的为人处世的方法等。假以时日，方能吸引来改变你内在和命运的能量，进而点燃你辉煌的未来。

你身处的境遇都是自己的选择

研究表明,在人的大脑中央,有一台很小的"电脑",它能够帮助我们达到目标,实现梦想。这种情景好比是宇航员在无穷尽的宇宙空间穿梭飞行达到自己的目标后返回地面。

同理,我们每个人都可以在回到自我以前,在自己的内心的广阔空间发现自己的财富。

大脑不仅自动地帮助我们解决问题,而且使我们调节自己,适应生活,同时给行为指出方向。

美国心理学家马尔兹把这一过程叫心理控制。当然,这样说并不意味着我们认为人是机器,恰恰相反,人是控制他自己的机器。因此,不管你身处何境都是自己的选择,一切并非命中注定。

而那些成功人士从不贬低自己。他们总是会理性地抬高自己。因此,你也应该在最佳的时刻认清自己,直到这一切成为你的基本人格。

多年前的一天夜里,金勒从阿拉巴马的伯明翰开车前往密西西比的梅地安。次日清晨他必须赶到梅地安。由于路还没有修好,金勒只好把车开进服务站寻求帮助。

值班的人告诉他一条最佳路线并给他画了一张图。值班的人还说,只要按他标注的路线图走,就肯定能提前到达梅地安。金勒完全按他的指点开车,但一小时后,金勒发现离梅地安比他问路时远了 45 英里——很显然是有人给他指错了方向。

在你身上是否也有类似的事情发生过?如果你身无分文,垂头丧气,你在家庭和事业上都很不如意,我们有理由相信这肯定不是你愿意的。这个时候,一味抱怨命运总是把不顺心的事物播撒到自己身上,是愚人之举。因为抱怨对现实而言是无济于事的。此刻,你应该仔细思考这些问题——我为什么不成功? 我为什么境遇如此糟糕? 事实上,许多人都曾经想过它们,但得到的结论几乎相同:"条件有限!"相当一部分人极容易把自己的失败归罪于客观世界,而不愿意作内心的反省。他们认定是条件限制,于是就认定自己难以改善命运。

殊不知,一旦内心的这种消极情绪占了上风,自己也就选择了失败的宿命。

记得一位哲人曾说:"无论你身处何境都是自己的选择。"的确如此,你固然可以偶尔让别人为你指路,但你为何不去购买导航仪或纸质地图校对、核实一下你的前进路线呢? 正确的做法是:静心自省。

说不定正是有人为你指错了路,进而对你造成了消极影响而导致你处境不如你意呢!

有个智者初逢一女子,她面容憔悴。她无穷尽地向智者抱怨着生活的不公,刚开始智者还有点不以为然,但很快就沉入她洪水般的哀伤之中了。

"从刚开始,我就知道自己这辈子不会有好运气的。"她说。

"你如何得知的呢?"智者问。

"我小时候,一个道士说过——这个小姑娘面相不好,一辈子没好运的。我牢牢地记住了这句话。当我找对象的时候,一个很出色的小伙子爱上了我。我想,我会有这么好的运气吗? 没有的。于是就匆匆忙忙地嫁了一个酒鬼,他长得很丑,我以为,一个长相丑陋的人,应该多一些爱心,该对我好。但霉运从此开始。"

智者说:"你为什么不相信自己会有好运气呢?"

她固执地说:"那个道士说过的……"

智者说:"或许,不是厄运在追逐着你,是你在制造着它。当幸福向你伸出双手的时候,你把自己的手掌藏在背后了,你不敢和幸福击掌。但是,厄运向你一眨眼,你就迫不及待地迎了上去。看来,不是道士预言了你,而是你的不自信诱发了灾难。"

她看着自己的手,迟疑地说:"我曾经有过幸福的机会吗?"

智者无言。

美国某位知名作家曾说："你,不是别人,你是自己命运的主人。"有智慧的人会选择好自己的命运。在行走人世的过程中,虽然会出现一些我们无法控制的情形,让我们陷入逆境,甚至是绝境之中,也要始终坚信自己有股内在的力量可以达成自己所希望的情况,获得想获得的东西,做自己想做的事,掌控自己的命运。

事实上,也只有那些勇于为自己的行为负责并且坚信"我不是生命棋盘上的卒子"的人,才会把好运吸引进自己的人生。

魔力悄悄话

在生活中,我们不仅享受成功的甜美,还会品尝失败的苦涩。如果你回忆起过去的成功,你就会唤起今天成功的信心。如果你回忆起过去的失败,并不可自拔,你就会毁掉自己。如果你失败了,你曲解了自己的形象,你厌恶你自己,不相信自己,你就不能正确地引导自己。

生命充满了不定数

美国中心店研究院创办人比尔·哈利斯曾讲述过这样一则真实的案例：

有位参加我线上课程的学生叫罗比特。这课程有些部分需要跟我通电子邮件。

罗比特是一名同性恋者，在他给我的电子邮件中，叙述了他生活中所发生的残酷事实。

在职场上，他的同事们联合起来侮辱他，人们对他的恶意，让他一直感到压力巨大。走在大马路上，到处都碰上厌恶同性恋的人用不同的方式嘲笑他。他想成为单人表演的喜剧演员，但在台上表演时，每个人都用同性恋的话题刺痛他。他的生活充满不幸和悲惨，焦点都围绕在"因身为同性恋而被攻击"的想法上。

我开始教他，是他自己一直把焦点放在不想要的事物上的。我把他的电子邮件寄回去，同时告诉他："你再读一遍。看看你跟我讲了多少你不想要的事物。我看得出来，你对这些事反应异常激烈；而当你如此激烈地把焦点放在某事上，只会促使它更快地发生！"

于是，他开始将"专注在想要的事物上"这件事谨记在心，并且开始着手去落实。接下来的一个半月内所发生的事情，简直就是个奇迹。之前在办公室骚扰他的同事，不是被调往别的部门、离开公司，要不就开始完全不再烦他。

他也开始喜欢他的工作了。当他走在大马路上的时候，居然也没有骚扰他的人了，他们像幽灵一般隐形匿踪了。当他照例上台表演，观众也起立并激动地喝彩。并且没有人嘲笑他了。

他的整个生命图景都改变了。因为他从专注在他所不要、所恐惧、想极力避让的事物,转变成专注在他真正想要的事物上。罗比特的生命改变了,因为他改变了思想。他向宇宙发出不一样的频率。不论情况看起来有多么不可能,宇宙必定会送来新频率的画面。罗比特的新思想成为他的新频率,他的整个生命画面因此而得以改变了。

这个案例启示我们,每个人的生命都掌握在自己手中。不论你现在身在何方,不论你生命中发生过什么不快的事情,你都可以开始有意识地选择你的思想,进而改变你的人生轨迹。记住,你生命的每个境况,都是能改变的。

拿破仑自滑铁卢战役败北后,被流放到圣赫勒岛。在岛上过着苦闷的生活。后来,他的一位密友听闻此事,通过秘密方式赠送他一副象棋。拿破仑对这副象棋爱不释手,独自默默地下起象棋来,从而降低了被流放的失落与寂寞感。这位曾经名噪一时的囚犯在岛上用那副象棋不厌其烦地打发着时间,直到死去。

他死后,那副象棋多次以高价转手拍卖。后来,象棋的拥有者在一次偶然的机会中发现,其中一个象棋的底部可以打开。当那人打开时,被惊呆了,里面竟密密麻麻地写着从圣赫勒岛上逃出的详细计划。随即,此事便成为全球的一大新闻。

可见,拿破仑没有领悟到朋友的良苦用心,所以,到死都没逃离圣赫勒岛。这恐怕是他一生中最大的失败。

拿破仑一生战功显赫,差点就称霸欧洲,但是,他没有想到最后竟然死在了他的失败思维上。如果他用征战的方法思考一下象棋解闷之外的用意,非常有可能改写历史。

进一步说,拿破仑把自己辉煌的一生葬送在一个小岛上,便在于他的思维受到了束缚,认为自己没有可能逃出小岛,这是他从滑铁卢以后就一直存在的失败思维。在那之前,拿破仑一直认为自己是个无所不能的人,而他的确也曾经是。虽然拿破仑自己也很想逃出小岛,意识的力量将逃生的条件吸引到了他的身边。

但是,他的想法和意识显然还不够强大,以致逃生和东山再起的机会近在眼前却被凭空地挥霍掉,这真是一个伟人和英雄的悲哀。

曾几何时,驰骋欧洲的拿破仑基本上所向无敌,他到哪里胜利就在哪里,直到滑铁卢,挫败了这位英雄的锐气,他开始由成功向失败转变。其实拿破仑的滑铁卢是每个人都可能遇到的。但是,如果仅因为一点小挫折就一蹶不振,是难以有什么大成就的。

魔力悄悄话

英雄的思想受到限制都会有如此惨淡的结局,更何况我们普通人。我们需要摆脱掉失败思维的束缚,相信任何惨淡的境况都可能改变,就像我们相信明天的太阳还会从东边升起来一样。只要我们的意识足够坚定和持久,我们的行动足够果断和持久,我们就会吸引我们理想中的事情尽快发生。

向"命中注定"挑战

　　所谓人生乃外在环境所主导、所谓人生的欲求应该压抑、所谓人生受制于他人或他物等说法，统统不必理会。你根本就没有必要相信"他"或"他们"（不管"他"或"他们"是命运也好，还是其他什么变化了的事物）除非你自己心里想要这么做。

　　在一片原始大森林里，生活着一种善于飞腾、跳跃的灵猿。它们在森林里的那些又粗又直的乔木之间轻盈敏捷地攀缘、跳跃，一根藤蔓就可以让它们荡秋千。它们的身体十分灵巧，行踪无定，因此，即使是猎人对它们也奈何不得。

　　心理学家做了这样一个试验：将这群灵猿赶到一片生长着长刺的柘树、满身棘刺的酸枣、味道甚甘苦的枳树的灌木林中，发现这些原本灵活的灵猿再也不敢轻举妄动了。

　　因为它们无树可攀，无枝可跳，由于这里荆棘丛生，稍有行动，就会被繁枝利刺扎得疼痛难忍，这使得灵猿们善于腾跃的本领无法施展。因此，它们只能小心谨慎地在林间东张西望，左顾右盼，战战兢兢地爬行，心情紧张，以致浑身直打哆嗦。

　　同样的一群灵猿，它们的筋骨并未发生什么变化，为什么在乔木林和灌木丛中的表现有着天壤之别呢？答案是：环境的改变使它们无法充分施展自身攀缘腾跃的本领。

　　人类也会如此，当我们周围的环境发生了某种变化，就可能会使我们感到不适，也会因此影响能力和水平的正常发挥。生活中这样的现象屡见不鲜。

　　高考前学生们会根据高考的时间来调整作息，以避免真正考试时不适应环境;运动会时东道主一方的运动员往往相比其他地方的运动员要轻松些,这也是因为东道主运动员身处的比赛环境是自己熟悉的环境,他们因此感到舒适而轻松。

不难看出,环境影响着人的心情,并进一步影响着人们的工作效率以及人与人之间的关系。为此,要想改变环境,必须修炼心灵,改变自我。

人生在世必须要充分发挥自身的主观能动性,敢于挑战命运、善于挑战命运!

古今中外,通过顽强的努力改变自己命运的成功例子不胜枚举。明代儒生袁了凡便是其中一例。

话说袁了凡父亲早逝,母亲希望他放弃功名,转而学医,他听从了父母的话。有一天,他在慈云寺遇见一位孔先生。孔先生对他说:"你是官场中人。你明年就可以去参加科举考试,获取功名。你为何不读书呢?"袁了凡把母亲叫他放弃功名的事情说了,精通玄学的孔先生于是帮他算一生的富贵得失。

先算功名,孔先生说:"你做童生的时候,县考得第14名,府考会得第71名,提学考应当得第9名。"孔先生还为袁了凡推算了终身吉凶,他说:"你应当进京,应被选为四川一知县,上任3年半便告退。你会活到53岁,可惜没有子嗣。"

果然,几年之后,袁了凡三次考试得到的名次跟老人推算的一模一样。后来,袁了凡真的进入京城,留在京城一年。这时,他觉得一个人一生的进退功名,都是命中注定,把一切都看淡看破,不去追求了,整天静坐不动,不说话不思考,凡是文字,一概不看。

一年之后,袁了凡要到国子监读书,临行前,到栖霞山拜见云谷禅师。他同禅师三天三夜相对而坐,一语未发。

云谷禅师问他:"一个人之所以不能够成为圣人,只因为妄念在心中不断地缠绕,而你静坐三天,我不曾看见你起一个妄念,这是什么缘故呢?"

袁了凡告诉禅师。自己的命已被孔先生算定了,何时生、何时死、何时得意、何时失意,都有定数,没有办法改变,即使胡思乱想,也是白想,因此心里就不起妄念了。

云谷禅师笑道:"我本来认为你是一个了不起的豪杰,哪里知道,你仍然只是一个庸碌的凡夫俗子。"

云谷禅师告诉他:"一个平常人很难没有胡思乱想的那颗心,既然妄心常在,那就要被阴阳气数束缚,所以命才有定数。但若是一个极善之人,数就拘他不住。尽管他的命数里注定一生吃苦,但是,他做了极大的善事,这大善事的力量就可以使他由苦转乐,由贫贱短命变成富贵长寿。而极恶之人,数也拘他不住,尽管本来命中注定他要享福,但是,如果他做了极大的恶事,就可以使福变成祸,富贵长寿变成为贫贱短命。你先前的20年都被孔先生算定了,你没有把'数'转动过分毫,所以你是凡夫。"

袁了凡问:"照你这么说,这个'数'不是一定的?"

云谷禅师说:"'命'不是一定的,而是由自己改变的。心就是福田,千万别乱求。只要你能感动人,就没有做不到的事情。如果你能向自己的内心求,那不单是仁义道德可以求得到,就是身外的功名富贵也可以得到,而且不用去求便自然得到了。有道德的人,大家会喜欢他、敬重他。这样功名不是求来的,别人自然会给他。"

经点悟,袁了凡开始相信"命"是可以改变的。

从此,他开始"修心",并养成了很多好习惯:即使身处暗室无人之境,他对自己的一思一念也谨慎小心;碰到讨厌与诽谤自己的人,他也能够接受,不再计较。

之后,孔先生的话开始不灵了。孔先生算定他没有子嗣,后来他却得了一个儿子;孔先生算他命至53岁而终,但他安康相伴一生,69岁时还写了《了凡四训》这部名作,留传后世。

袁了凡通过改变自己,挑战所谓的"命中注定",最终成了掌握自己命运的人。

在一定程度上,如果人们像起初的袁了凡那样"相信"命中注定,有时可以缓解自己的失败感,也可以安慰并调节自己的情绪。

毕竟,一些事情在自身条件不具备的情况下"一条道跑到黑,不碰南墙不回头",确实是不可取的。这样恣意的追求不仅会给自己带来痛苦,而且还会浪费许多宝贵的生命和社会资源。

但是反过来说,过度相信命中注定也是不可取的。我们应该像后期的袁了凡那样积极"挑战"命中注定。只要把握好了"相信"与"挑战"之间的

"度",世间的每一个人都能追求到属于自己的成功以及恰如其分的幸福。

　　诚然,我们从降世的一刻起,先天就带给了我们一些很难改变的东西,比如智力、体力、相貌、家境、区位地理等等,但这并不意味着,我们对周遭的环境不能做出丝毫的改变。

魔力悄悄话

　　先天不聪慧,可以走"笨鸟先飞、勤能补拙"的路子;先天体力不壮,可以从事脑力劳动的工作……

第七章
不做借口的奴隶

　　成长的道路是艰难的,是一个不断尝试,历经磨炼,最终变得精明的过程。只有经历了失败痛苦的洗礼,才能体会到成功的快乐。成长的蜕变本就是要经历无数次的失败才能让你坚强,让你成功。成功人士总是善于在错误中吸取经验教洲,平庸者则擅长寻找各种理由和借口,妄图用借口来推脱因失误而导致的不良后果。那些非富即贵的成功者向来只为成功找方法,从不为失败找借口。不寻找借口,就是敢于承担责任;就是永不放弃;就是锐意进取主动探索。不管遇到任何事情,错就错了,不要去寻找任何借口。

借口是负面能量的引力

可以说,世间破坏力最大的观念,就是在思想深处认为"我没有错,这是别人的错"——老板过于守旧,脑筋转不过来;亲朋好友是非不分;上级领导刚愎自用:我们抱怨冬季太寒冷、夏季太炎热,还自认为这种做法没什么不对。我们坚定地认为,怪罪别人或别的事情会让我们的心情好过些,所以我们怪罪这、怪罪那,越怪罪越多,根本不晓得这样的负面振动,将会吸引来负面能量,进而极大地损害我们的生活。

李磊的一只脚有点轻微的跛,那是一次出差途中出了车祸引起的,留下了一点后遗症,根本不影响他的形象,也不影响他的工作。如果不仔细看,是看不出来的。

但是,他却以为为借口,对工作常挑三拣四。第一次,上司比较理解他,原谅了他。李磊好不得意,他知道这是一宗费力不讨好比较难办的业务,他庆幸自己的明智,如果没办好,那多丢面子啊。

但如果有比较好揽的业务时,他又跑到上司面前,说脚不行,要求在业务方面有所照顾,比如就易避难、趋近避远,如此种种,他大部分的时间和精力都花在如何寻找更合理的借口身上。碰到难办的业务能推就推,好办的差事能争就争。时间一长,他的业务成绩直线下滑,没有完成任务他就怪他的脚不争气。总之,他现在已习惯因脚的问题在公司里可以迟到,可以早退,甚至工作餐时,他还可以喝酒,因为喝点可以让他的脚舒服些。

现在的老板都是很精明的,有谁愿意要这样一个时时刻刻找借口的员工呢? 李磊被炒也是情理之事。

稍微注意一下,便会发现有很多人都在说:"我真的很想……,但是现在我……"这个"想"和"但是"后面省略的内容,对不同的人而言,也有所差异,但它们却折射出了同一个主题——为自己找借口。殊不知,借口是生活中最害人的东西。如果一个人要找借口,他总认为今天的现状是最难解决的,其实不是,今天过了,明天还有更多的问题,因为生活的状态每天都在改变,那么借口永远都在。生活本身就是遇到一点麻烦并解决它的过程,同时抱着享受过程的心态,那么一切麻烦或困难都只是暂时的。

许多找借口的人,在享受了借口带来的短暂快乐后,起初有点自责,多多少少有点骗人的味道。可是,重复的次数一多,也就变得无所谓了,原本有点良知的心变得越来越麻木不仁。同感于这样一句话:"要成功不要借口。要借口不要成功! 如果还没有成功,那要看自己是不是借口太多。"也许,借口所说的原因,正是自己不能成功的真正原因吧。

寻找借口的恶习会使人们变成懒惰的白日梦者、行动的侏儒;还会使人们办事拖拖拉拉,当天的事总要留给明天,明日复明日,万事成蹉跎。职场中,如果你总是寻找这样那样的理由为自己开脱,重复不了几次后,老板就会认为你是一个缺乏工作能力的人,或者认为你是一个对工作不够尽心尽力的人。你总是为自己的懒惰寻找借口。一旦在老板的心目中形成这样的印象,可绝对不是一个好兆头。

平日里,一旦养成不寻找借口的习惯,你就会在工作中学会大量的解决问题的技巧,这样借口就会离你越来越远,而成功与财富就会离你越来越近。那些非富即贵的成功者向来只为成功找方法,从不为失败找借口。不寻找借口,就是敢于承担责任;就是永不放弃;就是锐意进取主动探索。不管遇到任何事情,错就错了,不要去寻找任何借口。

魔力悄悄话

一位成功学家说:"你的借口如果能换成美元的话,相信你的财富会超过比尔·盖茨。"这句话形象地揭示出人们生活中为自己寻找各种借口的次数之多。如果你发现自己经常为了没完成某些工作而制造借口,或是想出千百个理由来。为没能如期实现计划而辩解,那么现在正是该面对现实好好检讨的时候了。

不要让借口阻挡成功的脚步

　　成长的道路是艰难的，是一个不断尝试，历经磨炼，最终变得精明的过程。只有经历了失败痛苦的洗礼，才能体会到成功的快乐。成长的蜕变本就是要经历无数次的失败才能让你坚强，让你成功。成功人士总是善于在错误中吸取经验教训，平庸者则擅长寻找各种理由和借口，妄图用借口来推脱因失误而导致的不良后果。

　　关于"借口"的主题，西雅图的安东尼·伯格斯曾说过这样一段精辟的话。

　　我的失败大多是别人直接或间接造成的——过去，我总是因为自己所遭受的挫折而责备我的妻子、我的老板、我的同事、我的父母或是其他人。时至今日，我才反思，我想，也许我在有些场合当中是正确的，而在其他一些时候，我只是找借口来掩饰自己的错误和优柔寡断罢了。

　　他人是否有错其实是完全无关紧要的，因为，我不可能靠着"坦白地说，我想要成功，但是由于他的错误导致我没有成功""没有尽好她的职责是她的错误"这一类的说法度过一生。我想，在我们的人生当中，我们每个人都不得不面对的一个巨大的挑战就是——为自己的成败担负起百分百的责任。而且，更重要的是，一旦你这样做了，就不会一直痛苦地想着自己的失败与不幸都是别人造成的。

　　人非圣贤，孰能无过？失误，对任何人来说都是难以完全避免的。其实，失误并不可怕，可怕的是不能坦言失误，甚至寻找借口去掩饰失误。坦言失误是勇敢和诚实的表现，是心胸开阔和充满自信的表现，是争取谅解、赢得人心和反败为胜的好办法。

方法力——为有源头活水来

1928 年，大散文家沈从文被当时任中国公学校长的胡适聘为该校的讲师。沈从文时年才 26 岁。虽然他学历只是小学文化，在上海待的时间也不久，身上还带着一股泥土气息，却以灵气飘逸的散文而震惊文坛，已颇有名气。

但是，名气不是胆气，在他第一次走上讲台的时候，除原班生外，慕名而来听课的人很多。面对台下满堂坐着的渴盼知识的莘莘学子，这位大作家竟整整待了 10 分钟一句话也说不出来。后来开始讲课了，而原先准备好的要讲授一个课时的内容，被他三下五除二地 10 分钟就讲完了，离下课时间还早呢！但他没有天南海北地瞎扯来硬撑"面子"，而是老老实实拿起粉笔在黑板上写道："今天是我第一次上课，人很多，我害怕了。"于是，这老实的、可爱的"坦言失误"，引起全场爆发出一阵善意的笑声……

胡适知道后，对沈从文的举动很是赞赏。他评价这次讲课时，对沈从文的坦言与直率，认为是"成功"的！成就成在敢于坦言失误。

《优秀员工必备的 10 种能力》提出这样一个观点：不要找借口，克服走向成功的第一障碍。同时，还提出一系列的问题，引导人们反思自己。如果你是一个有找借口习惯的人，下面这些问题将有助于你跳出"找借口"的泥潭；如果你很少找借口，那么，它们也有助于你继续对自己行为负责的良好作风。简而言之，即"有则改之，无则加勉"吧！

——你是否常常喜欢从外部环境中为自己寻找种种借口和理由，不是抱怨职位、待遇、工作环境，就是抱怨同事、上司或领导，而很少问问自己："我努力了吗？我真的对得起这份工作吗？"

——你是否认真地反省过，把每一次的过错当作一次宝贵的经验，做到吃一堑长一智，而不是一味地后悔或自责？记住：后悔永远不是解决问题的最好办法。

——你是否常常扪心自问："我是否付出了全部的精力和智慧？"

准备好笔和纸，回忆一下你最近在工作中的失误，并把犯错误的主要原因写下来；

如果你的回答是你的工作伙伴，请写出对方的具体行为和自己的处理方式；

如果你的回答是某些突发事件，请写出事情的大致经过和自己的处理方式；

如果你的回答是自己，请写出理由和处理方法，引以为鉴；

当上司就工作失职指责你时，你是否极力推卸责任？当伙伴把过失全部推到你身上时，你是不做任何解释，默默地承担责任，还是据理力争，将过失推得干干净净？请如实写出你的处理方式，以便对自己认识得更清晰；

静下心来好好反思一下，在你认为正确的做法前打个对勾，在错误的做法前划一个醒目的大叉。然后，再仔细想想自己当时这么做的理由，以及能想到的补救措施；

回答完上述问题，你是否有一种豁然开朗的感觉？事实上，事情并没有你想的那么复杂，只要我们冷静地思考、谨慎地对待，再多"拦路虎"也难不倒你，因此，你也就无须处心积虑地为自己的"无能为力"而寻找任何借口了。

魔力悄悄话

我们必须明白：只有失败者为其失败而找借口，对于成功者而言并没有借口之说。只有努力才能成功；只有坦言失误，并从失败和错误中吸取教训，才能取得一个又一个的成功。一言以蔽之，成功始于抛弃借口。如果你是一个"出现过失，爱找借口"的人，那么，赶紧把"找借口"的思想抛到九霄云外去！

错误是人生不可避免的事

人生在世,出现错误是难以避免的事情。承认错误、承担责任是每个人应尽的义务,更是一种对自己和他人负责的行为。只有将"这是我的错"的理念植入灵魂,并落到实处,才能成为一个值得委以重任的人。

美国第一任总统乔治·华盛顿小时候是个又聪明又淘气的孩子。

一天,父亲送给他一把小斧头。那小斧头崭崭新新的,小巧锋利。小乔治可高兴啦!他想父族的大斧头能砍倒大树,我的小斧头能不能砍倒小树呢?我要试一试。他看到花园边上有一棵樱桃树,微风吹得它一摆一摆的,好像在向他招手:"来吧,小乔治,在我身上试试你的小斧头吧!"小乔治高兴地跑过去,举起小斧头向樱桃树砍去,一下,两下……樱桃树倒在地上了。他又用小斧头将小树的枝叶削去,把小树棍往两腿间一夹,一手举着小斧头,一手扶着小树棍,在花园里玩起了骑马打仗的游戏。

没过多长时间,父亲回来了,看到心爱的樱桃树倒在地上,很生气。他问小乔治:"是你砍倒了我的樱桃树吗?"

小乔治这才明白自己闯了祸,心想:今天准得挨爸爸揍啦!可他从来不爱说谎,就对父亲说:"爸爸!是我砍倒你的樱桃树。我想试一下小斧头快不快。"

父亲听了小乔治的话,不仅没有打他,还一下把他抱起来,高兴地说:"我的好儿子,爸爸宁愿损失一千棵樱桃树,也不愿你说一句谎话。爸爸原谅诚实的孩子。不过,以后再也不能随便砍树了。"

小乔治不解地问:"敢于承担责任真的那么珍贵吗?能和一千棵樱桃树相比?"

父亲耐心地说:"是的!儿子!敢于承认错误是一个人最起码的品德。只有敢于承担责任的人才能在社会上立足,才能取得别人的信任。看到你今天的表现,我就放心了。以后把庄园交给你,你肯定会经营好的。"

本着父亲的教导,华盛顿一生都把"勇于承担责任"作为人生的基本信条。后来,这个故事传遍了整个美国,也影响了一代又一代的美国人。

魔力悄悄话

只要生命存在一天,有所行动,犯错就不可避免,它会像心跳一样,直到生命消失的那一刹那。我们应像华盛顿那样,将承认错误、担负责任根植于内心,让它成为我们脑海中一种强烈的意识。在日常的生活和工作中,这种意识会让我们表现得更加出类拔萃。

不要存在替罪羊的思维

人们往往对于承认错误和担负责任怀有恐惧感。因为承认错误、担负责任往往会与接受惩罚相联系。人们通常愿意对那些运行良好的事情负责,却不情愿对那些出了偏差的事情负责任。总是寻找各式各样的理由和借口来为自己开脱。比如,工作业绩不理想,那么一定是老板领导无方、相关部门不配合或经济形势不好;汽车半路抛锚,那一定是汽车厂家不对,产品质量不过关;老板不喜欢你,一定是他不懂得欣赏你……这种寻找"替罪羊"的思维将使人一事无成。

勇于负责的员工,面对问题,他去主动解决;面对失误,他能主动承担。对自己的失误负责,不仅能以良好的人品、道德和人格魅力换得别人的信赖,同时,也在积极补救原先失误的过程中,提升了自己解决问题的能力,从而把手头的工作做得更出色。

郑志强是一家大型建筑公司的工程部经理。由于他口才好,又极懂得周旋,上司安排他去处理公司在外地的一桩工程收尾过程中与当地居民发生的纠纷,希望他与外地公司的几位负责人共同协调。把这件事处理妥当。

但郑志强觉得,这些事务不属于他的职责范围。因而工作起来不积极。在处理具体事务时,又自恃是总裁派来的人,总是一意孤行,不与分部负责人积极配合,结果没把事情办好。加上他不了解当地的民俗民情,还与当地居民发生了尖锐的冲突。可当总裁责怪他时,他却把责任统统地推到分部负责人的头上。总裁对事情进行了一番详细的调查后,终于了解了事情的全部过程,不但给了郑志强罚薪处分,还对郑志强的人品和能力产生了极大的怀疑。

这事情发生后没多长时间,郑志强又因为公司业务,与分部那几位负责人进行了工作方面的交接,大家都记恨他当初嫁祸于人的做法,借机报复他，导致郑志强业务上的失败。无奈之下，郑志强不得不辞职，离开了这家极有发展前途的公司。

遇到问题，找替罪羊不仅对问题本身于事无补，而且会影响组织的团结，形成内耗，甚至造成人人自危的不良气氛，在人与人之间筑起高墙。自然，这也极大程度地摧毁了员工个人的创造力。

正确的做法是，积极把"责怪链"变成"责任链"，切实地做好个人责任意识的提升与培养。集思广益，通过团队合作把事情做好。比如，员工主动为客户的不满承担责任；经理多想想员工的失误是否源于自己没有指导好；总裁做出敢于承认错误的表率；销售部门业绩不佳时，开发部门主动改进工作……"责任链"形成了，就能使每个员工都能尽自己的力量推动每一项计划，从而把每个人的潜能都最大限度地发挥出来。事实上，发挥潜能的过程，也就是我们缔造个人成就与辉煌的过程。

魔力悄悄话

有位成功学家曾说，要想成为卓越人士，应该永远学习为两件事负责，一件是目前所从事的工作，另一件是以前所从事的工作。如果真正做到了这两点，那么，他一定是个优秀的员工，因为他能够以负责的精神为自己的未来奠定基石。

"允许犯错误"是把隐形的刀

我们说:"错误是难以避免的"并不等于是在宣扬"允许人们犯错误"。因为现实生活中,有些错误根本不能犯,一次都不能犯。否则,造成的损失是难以挽回的。试想,如果你知道某家航空公司允许飞行员犯错误,你还会乘坐他们的客机吗? 如果一家医院的行为准则上说允许医务人员犯错误,你还会带着你的亲人去那家医院看病体检吗? 如果一家医药公司对犯错误还加以称赞,你还会吃他们的药吗? 肯定不会!

也就是说,我们要正确做事,忌犯方向性的错误。然而,国人常常挂在嘴边的一句话:"犯错误就是交学费。"至于这种学费交得值不值,我们来看下面这样一个故事,相信每个人看完后都会有所感悟。

有一天,动物园管理员发现袋鼠从笼子里跑出来了,于是开会讨论,一致认为是笼子的高度过低。所以,他决定将笼子的高度由原来的 1 米加高到 2 米。结果第二天他发现袋鼠还是跑到外面来,所以他又决定再将高度加高到 3 米。没想到隔天居然又看到袋鼠全跑到外面,于是,管理员大为紧张,决定一不做二不休,将笼子的高度加高到 5 米。这天,长颈鹿和几只袋鼠们在闲聊,"你们看,这个人会不会再继续加高你们的笼子?"长颈鹿问。"不知道,"袋鼠说,"如果他再继续忘记关门的话!"

如果用管理学的原理分析,就会发现:用正确的方法做事是效率问题,而做正确的事却是原则问题;而时间更是一个最高效率的标准。如我们走什么航线,在什么时间内的效率最高等;超过了这个时间,正确的方法也可能不正确了;不正确的方法肯定是没有效率的。如此一来,首先最重要的是做正确的事,其次是在规定的时间内;最后才是用正确的方法做事。

换句话说,我们可以允许在正确的方法内犯错误。因为它只是效率的影响。而如果我们在做正确的事上犯错误，不仅是没有效率，而且可能是负效率。所以，我们允许在工作中犯错误，是效率方面的错误，但绝不能犯方向性的错误。

在现代社会中，由于某人的一个错误而毁灭企业的事时有发生，因为他犯了一个方向性的错误。别认为方向性的错误只有决策层的人才会犯。实际上每个人的每个岗位，都有自己不能犯错误的职责。这就是你岗位所要做的正确的事。当知道每个岗位做正确的事是一个方向性后，为了达到自己的工作目标，需要根据岗位职责确定相关的重要性，并据此确定相关的工作顺序和保证标准，以实现自己的优秀和高效。

魔力悄悄话

做正确的事就好比是船上的舵，而正确地做事则好比是船上的帆。在规定的时间内是目标。船舵可以左右船儿前进的方向，船帆可以左右前进的速度；而最终达到预定的目标，则离不开船舵与船帆的配合。

认错要坦率道歉需衷心

犯错误之后，勇敢地承认错误并从中吸取教训，做到"前车之鉴，后事之师"方是明智之举。其实犯错并不可怕，就怕犯错后不认错、死不悔改。现在，扪心自问："在过错面前，是选择当逃兵，还是做一个敢于为自己的行为承担到底的勇者？"在给出答案之前，下面这个富有哲理的小故事或许能对你有些启发。

刘天明和池硕杰是一家大型速递公司的工作搭档，工作非常努力，上司对他们很满意。谁知，一件小事就改变了他们的命运。

一次，刘天明和池硕杰接受了一个任务：把一件很贵重的古董送到码头。临行前上司千叮万嘱，要他们在路上小心。但没想到，货车在半路抛锚了。如果不按时完成任务，他们就会被扣掉业绩奖金。

为了保住奖金，人高马大的刘天明背着邮件，一路小跑，终于按时赶到了码头。这时，跟在身后的池硕杰想，如果客户在收货时看到是我背着货物，他一定会向老板表扬我，说不定我就会有升职或是加薪的机会，于是他对刘天明说"我来背着，你去找货主。"但是他自己只顾着做加薪升职的美梦，在从刘天明手中接沉重的邮件时没接住，"哗啦"一声，古董碎了。

池硕杰气急败坏地大声责骂刘天明，因为他们不仅会因此丢掉工作，还可能要负债累累。果不其然，老板勃然大怒，非常严厉地批评了他们。

趁刘天明不注意，池硕杰溜进老板的办公室，把责任全推到刘天明身上。池硕杰离开后，刘天明被叫到老板的办公室。刘天明诚恳地向老板认错，并表示池硕杰家境窘迫，他愿意承担所有的责任，并保证赔偿所有的损失。

刘天明和池硕杰一直忐忑不安地等待处理结果。一周后，老板把他们叫到办公室，对他们说："公司非常器重你们，想从你们当中选一个人担任客户部经理,没想到却出了这样的事。当然,这并不完全是一件坏事,它使我最终确定了客户经理的人选,他就是刘天明。而你,池硕杰,一个不能为自己的过错负责的人根本就不值得信任,你被解雇了。"

原来,古董的主人目睹了他们接古董的一幕,向老板说明了事情的真相。

勇敢地为自己的过失承担责任,付出任何代价都在所不惜,这是一种良好的品质,也是执行力的一种具体体现。

刘天明敢于承认自己的过错,最终得到了升职加薪的圆满结局,池硕杰则偷鸡不成反蚀把米,丢了工作。

道歉的方式多种多样,最常见和需注意的有以下几点,现与大家一起分享。

1. 采取具体的行动表示歉意

倘若你感觉道歉的话语说不出口,不妨用其他的方式来代替。一束鲜花可冰释前嫌;买一件小礼品,放在对方的办公桌上或课桌上,以表明悔意;发送一个手机短信息,或拨打一通电话,哪怕是打通电话后彼此没有言语交流,只是静静地,也能够传情达意,达到"此时无声胜有声"的效果;或请对方一起吃饭等。具体行动更能表现出你的诚意。

2. 用赞誉的方式表示歉意

千万记得道歉不是耻辱,而是真挚和诚恳的表现。大人物有时也道歉。比如,英国首相丘吉尔最初对美国总统杜鲁门的印象很坏,但后来他告诉杜鲁门说以前低估了他,这便是以赞誉的方式表示歉意。

3. 及时进行道歉

应该道歉的时候,就立刻道歉,越耽搁越难启齿,有时甚至后悔莫及、抱憾终生。如果你认为有人得罪了你,而对方没有致歉,那你应该冷静,不要郁郁寡欢,更不要怒发冲冠,说不定对方正为如何道歉而不好过呢。

4. 采取书面方式道歉

有时光嘴里说"对不起"是不够的。写在纸上比嘴里说的更有分量。你可以给对方写一封道歉的信,表达你由衷的歉意。

5. 夸大自己的过错

你越是夸大自己的过错,对方越不得不原谅你。

6. 不要为了息事宁人而认错

你如果没有错，就不要为了息事宁人而委屈自己去认错。那种做法，对任何人都没好处。同时你要分清深感遗憾和必须道歉之间的区别，有些事你可以表示遗憾，但不必道歉。

魔力悄悄话

俗话说："人非圣贤，孰能无过。"如果你坦率地认错，及时而衷心道歉，并全力进行补救，不仅会重新得到人们的认可和信任，还可以增进彼此的感情。所以每个人都应该懂点道歉的艺术。

第八章
习惯决定处世方法

习惯是人的第二天性，同人的性格一样，决定着人的命运。这里面隐藏着人类本能的秘诀。

习惯也称为惯性，是宇宙共同法则，具有无法阻挡的一股力量。

正如著名教育家曼恩所说："习惯是一条电缆，我们每天在其外表编织一条铁线，到后来，它变得十分坚固，使得我们再也无法将它拉断。"

习惯决定人生，优秀是一种习惯，从小养成优秀的良好习惯，我们就会拥有健康快乐而别具一格的人生。

怎样的想法造成了现在的结果

任何想法皆为因,任何境遇皆为果;由之之故,控制自己的想法以产生令人满意的外部环境,绝对是本质之所在。这个因果是逃也逃不掉的——我们有什么样的感觉,就会把什么样的感觉吸引回来,而且我们的感觉多源自自己的想法,然后立即造成电磁连锁反应,导致接下来的事情发生了、遏止了,或是毁掉了。

更明确地说,我们的想法和感觉会以电磁波的形式,从我们的身上释放出去,而不管我们释放出来的是什么样的频率,都会自动地把同样频率的电磁波吸引进来,所以造成事情的结果(无论是好的、还是坏的结果)都是因为相同的振波与你产生了共鸣所致。也就是说,我们的境遇是果,想法和感觉是因。我们不能将两者的顺序颠倒。

所以,如果一个人想要免于遭遇恐惧的经历,从控制别人的行为与愿望下手,那根本是背道而驰。正确的做法是:积极调整自己的振动引力点,这样才能获得自己想要的一切。如果对于自己与自己振动引力点的互动又不能有意识地察觉,那也就难怪你试图控制周围的环境了。但是,周围的环境又岂是你完全能够控制的? 然而,一旦了解吸引力法则。并知晓自己因想法而产生的感受,那么,对于生活中的不尽如人意之处,你就再也不会感到恐惧了。

我们的每一个愿望,都是自己专注于对照自然产生的结果。可以负责任地说,整个宇宙的存在,都是在激发新的愿望。因此,如果想要逃避自己的愿望,就是跟宇宙作对。

就算你能够将愿望压制下来,更多的愿望还是会不断地在你的内在形成,因此,在整个宇宙中,没有任何东西比你源源不绝的愿望更为自然。

必须铭记的是,你的愿望为你吸引了多少能量,基于你眼下所专注的想法与信念,你跟自己的愿望之间的关系如何,以及包含了多少你吸引来的能量,每种情绪都会告诉你。如果你感受到强烈的情绪,无论是正面还是负面,那都表示你的愿望极为强烈,那么,你也就吸引了大量的本源能量趋向你的愿望。

当负面的强烈情绪出现时,比如说忧愁、恐惧或气愤,那就表示你在抗拒自己的愿望。

当正面的强烈情绪出现时,比如说同情、热情、期盼或关爱,那就表示你不是在抗拒自己的愿望。因此,在振动上,就没有抵触透过愿望所吸引而来的本源能量。这就意味着你正处于让愿望开展的积极状态。所以,令人满意的创造状态就是:你真真切切地盼望,并确确实实地相信可以愿望成真。唯有愿望与信念在你的内在相结合,事情才会迅猛而轻易地在你的人生中开展。

世间万物皆有因果。我们的境遇取决于精神上的态度。精神的态度从很大程度上看又是性格造成的结果,而性格的形成又受到精神态度的重要影响。作用和反作用都会对两者产生深远的影响。似乎在每个经历的背后,"幸运""机会"和"命运"都在盲目地发挥着作用。其实并非如此,每一次经历都会受永恒的法则控制着,而我们可以掌握这些法则从而创造出我们所期望的条件。

魔力悄悄话

如果你想要某些事情,却又不相信有成真的可能,或者你虽有所愿,但却不抱有什么指望——尽管只要愿望足够强烈,就算是信念有所欠缺,仍有可能成事——愿望开展得就不会那么顺利,因为,你根本还没有真正地将愿望注入自己的人生。

习惯好坏影响未来

习惯是人的第二天性,同人的性格一样,决定着人的命运。这里面隐藏着人类本能的秘诀。习惯也称为惯性,是宇宙共同法则,具有无法阻挡的一股力量。正如著名教育家曼恩所说:"习惯是一条电缆,我们每天在其外表编织一条铁线,到后来,它变得十分坚固,使得我们再也无法将它拉断。"

在我们周围,在芸芸众生之中,我们可以看看,好习惯造就了多少辉煌成果,而坏习惯又毁掉多少美好的人生!习惯一旦形成,它就极具稳定性,心理上的习惯左右着我们的思维方式,决定着我们的待人接物;生理上的习惯左右着我们的行为方式,决定着我们的生活起居。日常生活本身就是习惯的反复应用,而一旦遇上突发事件,根深蒂固的习惯更是一马当先地冲到最前面。所以,当我们的命运面临抉择时,是习惯帮我们作出的决定。

一个人的行为方式、生活习惯是多年养成的。比如,工作的方式、学习的方法、与人交往的形式、思维的模式、饮食起居的习性甚至个人的好恶……都是多年习惯累积慢慢形成的。

一句话,习惯虽小,却影响深远。你可以遍数名载史册的成功人士,哪一个人没有几个可圈可点的习惯在影响着他们的人生轨迹呢?当然,习惯人人都有。我们的惰性和惯性会使我们不止一次地重复某些事情,而经常反复地做也就成了习惯。

如此,我们可以对"习惯"下一个定义:所谓的"习惯",就是人和动物对于某种刺激的"固定性反应",这是相同的场合和反应反复出现的结果。对此,亚里士多德早有定论:"人的行为总是一再重复。因此卓越的不是单一的举动,而是习惯。"

习惯可以成就一个人,也能够摧毁一个人。正所谓:"好习惯结硕果,坏习惯酿恶果。"人的生命作为一种物的存在,没有惯性则没有力量,就像静止的火车,要防止其滑行只需在每个驱动轮面前放一块 1 寸厚的木头就行了,但如果火车以每小时 100 千米的速度行驶的话,哪怕是一堵墙也无法阻挡。

因此,习惯的引力就如同自然界所有的力量一般,既能为我们所用,也可能危害我们。改变一种坏习惯的过程可能很不好受,我们已经以原有的方式做事情很久了;养成一种好习惯过程也可能很不容易,我们已经很难对经年累月养成的生存习性进行新的改进。但这或许就是我们给自己的一次机会,一次只需要我们根据自然法则去重复制造的机会。

属于我们自己的习惯应该是帮助我们自己的工具,我们需要慢慢养成足以让自己快乐一生的良好习惯,并利用这些好习惯来更好地生活,这一点,毋庸置疑且天经地义。就像著名心理学家、哲学家威廉·詹姆斯所说:"播下一个行动,你将收获一种习惯;播下一种习惯,你将收获一种性格;播下一种性格,你将收获一种命运。"

魔力悄悄话

孔子曾经在《论语》中提道:"性相近也,习相远也。"常言道:"少小若无性,习惯成自然。"意思是说,人的本性是很接近的,但由于习惯不同便相去甚远,小时候培养的品格就好像是天生就有的,长期养成的习惯就好像完全出于自然。

对拖延说"NO"

哲学家塞涅卡说:"时间的最大损失是拖延、期待和依赖将来。"时间是水,你就是水上的船,你怎样对待时间,时间就会怎样来沉浮你。

脑海中一旦闪现出对工作有用的想法和主意时,要马上动手记下来。无论什么事,"再来一次吧"都会造成时间浪费。诚然,有些事情是需要深思熟虑的,是需要花时间考虑的。但对于不太重要的事,该做决定就应立即作决定,并马上动手去干。

拖延必然要付出更大的代价。能拖就拖的人心情总不愉快。总觉疲乏。因为应做而未做的工作不断给他压迫感。"若无闲事挂心头,便是人间好时节",拖延者心头不空,因而常感时间压力。拖延并不能省下时间和精力,刚好相反,它使你心力交瘁,疲于奔命。不仅于事无补,反而白白浪费了宝贵时间。

拖延的恶习,说穿了是为了暂时解脱内心深处的恐惧感。

首先,恐惧失败。似乎凡事拖一下,就不会立刻面对失败了,而且还可以自我安慰:我会做成的,只是现在还没有准备好。同时,拖延能为失败留下台阶,拖到最后一刻,即使做不好,也有借口说,在如此短的时间内能有如此表现已经是很不错的了。

其次,恐惧不如人。拖到最后,能不做便不做了,既消除了做不好低人一等的恐惧,还满足了虚荣心,告诉别人,换成是我的话,做得肯定比他们好。

我们应该养成遇事马上做,现在就做的习惯,不仅克服拖延,而且能占"笨鸟先飞"的先机。久而久之,必然培育出当机立断的大智大勇。再有,列出一个合理的时间表也是克服拖延的有效措施,非常值得一试。

据说卡耐基在教授别人期间,有一位公司的经理去拜访他,看到卡耐基干净整洁的办公桌感到很惊讶。他问卡耐基说："卡耐基先生，你没处理的信件放在哪儿呢？"

卡耐基说："我所有的信件都处理完了。"

"那你今天没干的事情又推给谁了呢？"老板紧追着问。

"我所有的事情都处理完了。"卡耐基微笑着回答。看到这位公司老板困惑的神态，卡耐基解释说："原因很简单，我知道我所需要处理的事情很多，但我的精力有限，一次只能处理一件事情，于是我就按照所要处理的事情的重要性，列一个顺序表，然后就一件一件地处理。结果，完了。"

"噢，我明白了，谢谢你，卡耐基先生。"几周后，这位公司的老板请卡耐基参观其宽敞的办公室。对卡耐基说："卡耐基先生，感谢你教给了我处理事务的方法。过去，在我这宽大的办公室里，我要处理的文件、信件等等，都是堆得和小山一样，一张桌子不够，就用三张桌子。自从用了你说的法子以后，情况好多了，瞧，再也没有没处理完的事情了。"

这位公司的老板养成了如此处事的习惯。后来，成为美国社会成功人士中的佼佼者。我们为了个人事业的发展，也一定要根据事情的轻重缓急，制定一个事情表来。

这是因为人的时间和精力是有限的。不制定一个顺序表。你会对突然涌来的大量事务手足无措，这样非常容易导致拖延。相反，根据你的人生目标，把所要做的事情制定一个顺序，并把它们记在一张纸上，形成事情表，并依次处理完它们。你一旦养成这样一个良好习惯，会使你每做一件事，就向你的目标靠近一步。如果可以每天早上制定一个先后表，然后再加上一个进度表。就会更有利于我们克服拖延的恶习，朝着自己的目标前进了。

魔力悄悄话

伴随着你的出生，时间就像一位忠实的朋友，时时刻刻守在你的身边。它不向你索取什么，只是默默地向你支付大把大把的日子。但时间是有个性的，你如何对待它，它就如何对待你。

管理时间，高效生活

俗话说"一寸光阴一寸金"。一个不懂得怎样经营和管理时间的商人，将遭遇被淘汰出局的风险。做一个善于管理时间的人，不仅使你的事业充满了发展的机遇，而且，你的人生也充满快乐。如果你管理好了时间，就意味着你管住了一切，管住了自己的未来。

当一个人开车去一个不熟悉的地方时，估计没有人相信他会不事先问路或带个地图、导航仪之类的东西。为即将开始的行程做充裕的准备，是保证行程顺利展开的前提。同理，在时间管理方面，每次花少许时间去预先计划，将会有显著的收效。做事前花10分钟筹划。在做事情的过程中就不必花一个钟头去想该做些什么事。正所谓"凡事预则立"，要想成为一个高效能人士，养成管理时间的习惯势在必行。

而为时间做预算、做规划，是管理时间的重要战略，是时间运筹的第一步。成功目标是管理时间的先导和根据。你应以明确的目标为核心，对自己的一生做出规划并设置完成目标的期限。当然，在生活中我们也有过这种讨厌的经验——我们计划好了，也准备好按着计划来一步一步的办事，可是半路上却节外生枝，把我们的规划弄得乱七八糟。试过一次，又一次，最后我们放弃了："算了，走一步看一步吧!"——这种态度不知拖垮了多少个计划，毁灭了多少理想，令多少人在下班回家的时候，无精打采，筋疲力尽——因为他们根本不知道时间跑到哪里去了，今天他们成就了什么事。

要想成为一名高效能人士，在芸芸众生中脱颖而出，首先要做一个懂得管理时间的人。有意识地训练自己在利用时间方面的本领，你才能从时间里找到更多的人生价值。

比尔·盖茨指出，不管是学得更快，还是干得更快，都是一个效率问题。那么，如何在你的日常工作和生活中，使效率得到充分的显示? 比尔·盖茨认为最实用、最重要的方法则是——集中精力、高度投入。

比尔·盖茨从小就精力过人，从小就非常爱思考，一迷上某事便能全身心投入。他在湖滨中学读书时，常按自己的兴趣爱好来安排学习时间。比尔·盖茨在喜欢的课程上狠下功夫，学得非常棒，如数学和阅读方面。每次父母看到比尔拿回来的成绩单，尽管他们知道比尔在一些课程上会学得更好，但他们并没有拉下脸来责备比尔·盖茨。因为他们知道这样的学习才是高效的学习，才能始终保持那种难得的专注力，从而有利于将来创造人生的大业。

综观古今中外的那些成功人士，其实没有什么超人的本领，如果说有的话，他们只不过比别人更善于利用时间、管理时间，集中精力去做事。

经常需要跟自己比赛

跟自己比赛，看看自己每天能够完成多少富有价值的工作。给自己设定一个时间和期限，和这个最终期限赛跑，让自己在最短的时间里完成最多的工作。

每一个人其实都能创造属于自己的奇迹。想象 5 年以后，你就是自己工作领域里最有成果的人，那你将是什么样子？你会怎样工作？你正在做哪方面的工作？从现在起，就让自己对未来的想象来指导你当前的行动吧！

记住，你想象的那个人就是你将要成为的那个人。把那个形象牢记心中，直到在现实中你已经变成了那个人。

当你的想象变得清晰明确，你要在工作和生活方面为自己设定具体的目标。想象一下你已经具有完成任何自己所期望的工作的掌控能力，那将是什么样子。

你要清楚自己为什么要做手头的事情。你为什么要一如既往地努力工作？你真正想达到的目的是什么？从你现在的位置到你渴望去的地方，哪条是最快、最直接的途径？

通常情况下，要使自己的成果和业绩加倍增长。就需要补充相关方面的知识和技能。要使自己成为时间管理专家，你就要读书，利用业余时间学习相关课程，实践、实践、再实践，直到你成为自己业务领域内最卓越的人为止。

把重点放在养成以结果为导向的习惯上,形成关注、专心、自律和坚持不懈的习惯。这些就是追求卓越、达成高效能的内在促进因素和驱动因素。

高效能工作的组织原则就是单项处理。用一整天的时间一心一意地专注于一件事情,先把这件最重要的事情处理好。一旦你养成这样的工作习惯,你就会对自己能够完成如此多的工作而感到惊讶。

做好计划,设定好先后顺序,然后开始完成最高价值的任务,这些习惯将对你大有裨益。你要反复实践,培养这些习惯,直到这些活动变得十分自然,渗入你的骨髓。

你应该保留一份时间管理的原则表,并经常查阅它,以此来保证你的时间总是能够得到最有价值的利用。

这样看来,我们每个人都是在和自己赛跑!跑着的是我们自己,让我们产生加速度的是我们的思维模式、行为习惯和价值认知系统。

魔力悄悄话

三心二意,心猿意马,绝不可能换来高效率,就是天才也不行。反之,有效地把精力、时间集中在当前所做的事情上,就可以产生能量聚焦效应。高度专注、高度投入,这是提高效率最简单、最有效的方法。

拥有不良习惯的细节

"成功应从细节做起。"这是一个合资企业的老板在给新员工开会时讲的第一句话。确实,在职场中许多人常常因忽略了工作中的一些"小事"。耽误了自己的职业前程。归纳起来,大概有以下几个坏习惯是我们必须要杜绝的。

1. 张弛无度,不能劳逸结合

泰戈尔在《飞鸟集》中写道:"休息之隶属于工作,正如眼睑之隶属于眼睛。"不会休息的人就不会工作,只有休息好了,才能更好地工作,才会有更好的生活。我们崇拜陈景润,但我们不赞成他那种不顾一切、废寝忘食,以致英年早逝的生存哲学。

人生就像登山,不是为了登山而登山,而应着重于攀登中的观赏、感受与互动,如果忽略了沿途风光,也就体会不到其中的乐趣。人们最美的理想、最大的希望便是过上幸福生活,而幸福生活是一个过程,不是忙碌一生后才能到达的一个顶点。

古人云:"一张一弛,文武之道也。"人生也应该有张有弛,也应该忙中有闲。人生就像条弦,太松了,弹不出优美的乐曲,太紧了,容易断,只有松紧合适,才能奏出舒缓优雅的乐章。

俗话说:"磨刀不误砍柴工。"悠闲与工作并不矛盾。处理好两者的关系,最重要的是能拿得起,放得下。工作时就全身心投入,高效运转。放松时就放松,把工作完全放在一边,不要总是牵肠挂肚。去钓鱼、去登山、去观海,想干啥就干啥。

其次就是工作休闲应该搭配得当,不能忙时累个半死,闲时又闲得让人受不了。可以隔三差五地安排一个小节目,比如雨中散步、周末郊游、鸳鸯共浴等。适时地忙里偷闲,可以让人适时地从烦躁、疲惫中及时摆脱,为了更好地工作而积蓄精力。

2. 做事虎头蛇尾,有始无终

无论大小事,只要开始,就应勇往直前地做完。中国传统规矩中有,家庭教子弟写字,无论有什么事打扰,也不准把一个字只写一半。即使这个字写错了,准备涂掉重写,也要写完了再涂。这正是教人不忽视任何小事的最好的起点。在日常小事上养成有始有终的好习惯,将来做大事时才不会轻易地半途而废。

假如你有未完成的工作、未缝完的衣服、未写成的稿件等等,希望你肯把它们找出来整理一下,安心去完成。相信当完成之后,你会觉得非常快乐。它们未完成时不过是些废物,而当你只要再付出一半或十分之二三的心力,把它们完成之后,它们就变成漂亮的成品和可观的成绩,那种意料之外的成功,更会令你惊奇。

有些事,并不是我们不能做,而是我们不想做。只要我们肯多付出一分心力和时间,就会发现,自己实在有许多未曾使用的潜在本领。也有些人在面临一项新的工作时,会为它的繁重与困难而心情紧张、沉重、不安。这些人大多较为拘谨而责任感又重。去除这种紧张、沉重与不安的办法,只有立刻着手去做这件事。当开始工作之后,他们会很意外地发现,事实上并不那么困难,从而对自己也有了信心。

很多工作多因此而中途停顿,而只有那些能克服中途障碍的才是成功的人。我们必须明白,开始一件工作,所需的是决心与热诚;完成一件工作所需的是恒心与毅力。缺少热诚,工作无法开始。只有热诚而无恒心与毅力,工作也不能完成。

3. 早晨时间不抓紧

如果你踩着上班铃声踏进办公室,手里抓着没来得及吃的早点,在众人注视下坐在办公桌前,不管这一天你干得多有成效,你的功绩也会在他人心中大打折扣。

4. 想当所有人的好朋友

在工作中,很多人煞费苦心地结交朋友,而不是以工作实绩赢得别人的尊重。可是,只有赢得别人的尊重才更有助于提升。在升职加薪方面,好感是没有多大用处的。

5. 动不动就找老板要答案

确实,一些问题必须由上层主管决断,可是,事无巨细都向领导请示,领导会认为你缺乏办事能力。久而久之便会对你失去信心,这样的员工是很难得到提升的。

6. 交代事情不清楚

如果你主持一个会议,传达上级指示,结果散会后所有人都不知道自己该做什么,那么你纯粹是在浪费他人的时间。平时在工作中与上司和同事交流时也要用确切的语言,表达清楚你对某件事的认可或看法。不要让别人老问你在说什么。

7. 衣着没有品位

多数单位对着装没有严格规定,但是,如果你想表现出对所从事职业的重视,你的穿戴就要配得上这个职业。如果你是一位白领,就必须衣冠楚楚。

魔力悄悄话

"想到就做"不是一件难事,它只是需要明快、果决、有信心。但是,一件事情开始之后,是否能够有始有终,则要靠毅力与恒心。许多事往往在一开始时,凭一股冲劲做了一阵,然后就渐渐觉得厌倦;加以任何工作总难免遭遇一点困难或外力的干扰,这时,不但兴趣消失,信心也没有了。

第九章
修炼自身的方法

你是不是一直对自己的状态不满意，觉得很多重要的规划都没有完成，没时间的时候是没工夫做，等有了大把时间的时候却又莫明其妙的想不起来了。如果你想要在未来实现期待已久的目标，就必须从现在开始激发自己的活力，放下无谓的等待，冷静地放开心胸，正确地抉择方向，使自己像一只寻找食物的猎豹一样活跃起来。走在人生路上，难免要遭遇一些风风雨雨。只要你的追求是明智的，你对自己的明天充满信心，并胸有成竹地去行动，就一定富有创造意义，从一个胜利走向又一个胜利。

肯定今天的价值

美国著名励志大师罗曼·V·皮尔指出,态度决定一切。有积极态度的人之所以能够吸引来好的结果,是因为他们把握住了每一个今天,肯定今天的无穷价值。

今天充满了机遇、喜悦、趣味和成功,而且至少提供了 16 个小时以上的清醒时间。我们应该知道今天是为了让自己积极地度过这一天,这也是为所有人而创造的。

今天是造物者创造的一天。我们会为今天而高兴喜悦。

今天完全属于自己,所以要创造性地度过这美好的一天。继今天之后。对接下去的每一天都要保持乐观的态度,这是使每天都变得美好的因素,会使每天在心里描绘的远景得以实现。

今天只有 24 小时,转眼就会成为过去,所以必须切实把握。一个人就算活到 80 岁,也只是有 29 200 天而已。每一天都是被叫作"你的时间"的实物。今天是属于你的,利用好每一天,本身就是一个奇迹。我们一定要巧妙地利用今天。

有这样一个发生在韩国的故事,时间是 1 点,气温是 −18℃。因为太冷了,没有戴手套的手指碰到金属就会粘在上面。一个高大粗壮的美国士兵靠在油箱上,用小刀剌开黄豆罐头吃着。一名新闻记者在旁边看到了,想起最近即将发生一场大规模的战役,向他提出了一个哲学问题:"如果我是能成全你任何愿望的上帝,你的愿望是什么呢?"那名士兵一面用小刀剔出黄豆,一面回答说:"我想要'今天'。"

我想每个人都会这样回答。我们每天都在向着自己的目标不懈努力,而且,不论有什么样的厄运、失败、困难等在那儿,也都要实现自己的梦想。并且不仅是为了达到目标,还希望愉快地度过这个过程,享受获胜的满足感。今天是属于你的!我们应该切实把握今天,并热爱今天,活在今天里。

我们要下定决心改变今天。我们要做的是什么？那就是把握今天。很多人之所以无法改变明天，往往是因为没有决心和毅力改变今天。

有一个3只钟的故事。一只新组装好的小钟放在两只老钟当中，其中一只老钟对小钟说："走起来吧，你也该工作了，可是，我有点担心，恐怕你走到3 200万次后，你会吃不消的。""天哪！"小钟叫起来，"我这么小，怎么能走3 200万次呢！这么大的事，我可做不了！"另一只老钟说："不要被它吓住，其实很简单，你不要去想那个数字，只管每秒钟摆动一下就行了。""天下有这么简单的事吗？"小钟将信将疑地说，"如果这么简单的话，我就试试吧。"小钟很轻松地每秒钟"滴答"摆动一下，不知不觉，一年过去了，他摆动了3 200万次，而且连累的感觉都没有。

每个人都有自己的远大理想，也都渴望理想能够变成现实，成功似乎远在天边遥不可及，怀疑和不相信使我们低估自己的能力，从而放弃努力。其实，我们不必想1年，甚至1个月以后的事，只想着今天我要做什么，明天我该做什么，然后努力去完成。隆萨尔曾经说过："不是时间在流逝，而是我们在流逝。"此言不虚，在已逝去的岁月里，我们毫无抗拒地让时间一分一秒地去流逝，却做出分秒必争的滑稽模样。我们把时间分割成最小的单位，却永远也不了解时间的本质。

昨天好比是使用过的支票，明天则如同还没有发行的债券，只有今天是现金，可以立即投入使用。也就是说，今天是我们轻易就可以拥有的财富。对今天进行无度的挥霍，或者是无端的错过，都是一种对生命的浪费。

魔力悄悄话

如果你想要在未来实现期待已久的目标，就必须从现在开始激发自己的活力，放下无谓的等待，冷静地放开心胸，正确地抉择方向，使自己像一只寻找食物的猎豹一样活跃起来。不时地提醒自己："我想要今天"，我要抓住机遇，把握住每一个今天！

别把昨天的心情带到今天

从本质上说，生活就是一场勇往直前的运动。要想使生活如意，我们需要与之并驾齐驱，不管我们对这种运动的状态是喜欢还是厌烦。

有这样一个故事：故事的主人公出生在阳光普照的棉乡，他从小就经常下地劳动。高中毕业后，他参军离开了家乡，不久部队派他去了德国。在那儿的一个军人商店里，他买到了自己有生以来的第一把吉他。他早就有一个梦想——一个在家从父亲买的收音机里第一次听到音乐时就产生的梦想：他想当个歌手。有一次，他在教堂里看了一个歌唱小组的演唱，亲眼目睹了落幕时观众纷纷要求歌手签名的热烈情景。这也是他希望得到的荣誉。于是，他决定要好好练习唱歌，要让观众也来请他签名。他开始在德国自学弹吉他，并练习唱歌，他甚至自己创作了一些歌曲。

服役期满后，他开始努力工作以实现当一名歌手的夙愿，可他没能马上成功。没人请他唱歌，就连电台唱片音乐节目广播员的职位也没能得到。他只得靠挨家挨户推销各种生活用品维持生计，不过他还是坚持练唱。他组织了一个小型的演唱组在各个教堂、小镇上巡回演出，为歌迷们演唱。最后，他灌制的一张唱片奠定了他音乐工作的基础。他吸引了两万多名歌迷，金钱、荣誉、在全国电视屏幕上露面——所有这一切都属于他了。他对自己坚信不疑，这使他获得了成功。他的名字叫约翰尼·卡什。

然而，卡什接着又经受了第二次考验。经过几年的巡回演出，他被那些狂热的歌迷拖垮了，晚上须服安眠药才能入睡，而且还要吃些"兴奋剂"来维持第二天的精神状态。他开始沾染上一些恶习——酗酒、服用巴比妥酸盐（催眠镇静药）和安非他明（刺激兴奋性药物）。他对这些药物的欲求非常强烈，竟常常破门闯入药店获取所需的药片。他渐渐失去了观众，也不再获奖。他的朋友都试着帮助他，但他根本听不进去。他的恶习日渐严重，以致对自己失去了控制能力。他不是出现在舞台上而是更多地出现在监狱里了。到了 1967 年,他每天必须吃一百多片药片。

一天早晨。当他从佐治亚州的一所监狱刑满出狱时,一位行政司法长官对他说:"约翰尼·卡什,我今天要把你的钱和麻醉药都还给你,因为你比别人更明白你能充分自由地选择自己想干的事。看,这就是你的钱和药片,你现在就把这些药片扔掉吧,否则,你就去麻醉自己,毁灭自己。你选择吧!"卡什选择了生活,他又一次对自己的能力做了肯定,深信自己能再次成功。他回到纳什维利,并找到他的私人医生。医生不太相信他,认为他很难改掉吃麻醉药的坏毛病。医生告诉他:"戒毒瘾比找上帝还难。"

卡什开始了他的第二次奋斗。他把自己锁在卧室闭门不出,一心一意要根绝毒瘾。为此他忍受了巨大的痛苦,经常做噩梦。后来在回忆这段往事时,他说,他总是昏昏沉沉,好像身体里有许多玻璃球在膨胀,突然一声爆响,只觉得全身布满了玻璃碎片。当时摆在他面前的,一边是麻醉药的引诱,另一边是他奋斗目标的召唤,结果他的信念占了上风。九个星期以后,他又恢复到原来的样子了,睡觉不再做噩梦。他努力实现自己的计划。

几个月后,他重返舞台,再次引吭高歌。他不停息地奋斗,终于又一次成为超级歌星。

你也能和约翰尼·卡什一样获得成功! 今天就是全新的开始。不要让昨天发生的事情或者昨天别人跟你说的话影响你今天的行动。所以,你应该前进,走向世界。这一过程就是你成长的过程。因为不愿回避,拒绝隐藏;你告诉自己,你不是"昨天"的囚犯。前进中你也发现自己在摸索,在探寻,在冒险。

魔力悄悄话

走在人生路上,难免要遭遇一些风风雨雨。只要你的追求是明智的,你对自己的明天充满信心,并胸有成竹地去行动,就一定富有创造意义,从一个胜利走向又一个胜利。

不要沉浸于时间的幻相中

你是否对过去和未来执迷不悟？你是否对"当下"这一刻缺乏尊重和认知？如果答案是肯定的，那么，请不要再习染其中。

你要懂得，当下之外一无所有。当务之急便是终止关于时间的幻象。

也许有人把时间视为无比宝贵的东西，并提倡明智地使用它。其实，时间既不宝也不贵，因为它是个幻象。很多人所认知的宝贵，不是"时间"，而是时间之外的那一点"当下"。更精确地说，"当下"才是既宝又贵的。你专注在"时间"上——过去和未来——的程度越大，你浪费掉最宝贵的"当下"的程度就越多。

为什么说是"当下"而不说是"时间"最宝贵呢？其一，因为当下是唯一的。它是存在的全部。生命，从本质上说，就是当下。过去从来没有一个不是当下的时间，未来也不会有。其二，当下是唯一一个能带你完成超越旅程的实点。

也许还有人心存疑问："当下之外果真一无所有吗？不见得吧！难道说过去和未来不像现在一样真实，甚至比现在还真实吗？毕竟过去决定了现在的我们，也决定了我们现在的感知和行为。而且对未来的期许，也决定了我们现在要采取的行动。"试问，你可曾在当下之外，经验过、从事过、思想过，或感觉过任何事情吗？你认为你以后会吗？任何事情有可能发生或存在当下之外吗？答案不言自明。无论何时，我们都要铭记——

过去不曾发生过什么事情。事情只是发生在当下。

未来也不会发生什么事情。事情只会发生在当下。

一旦领悟了上述话语精髓的人，就会很容易终止时间的幻象。他们会以最快的速度实现从"时间"到"当下"的漂移。如此，其生命中的一切，将会朝着生机活现的状态发展，个体也将会散发出源源不断的能量之光。

现在，静心觉察空气随着你的一呼一吸在身体内进进出出，然后，问自

方法力——为有源头活水来

已当下里你有什么"问题",而不是两小时之后,也不是明天、下周有什么"问题"。记住,你随时能够应付当下,然而你永远也不能应付未来——也无此必要。未来的图景、状态,或资源,会在你需要的时候应时而生,不在之前,也不在之后。

魔力悄悄话

想想日常生活中的自己,是否经常满面忧愁? 头脑中是否有太多"万一"的想法? 如果答案是肯定的。那你就是把自己投射在一个虚幻的未来情境里了。你根本没办法应付这样一个情境,因为它是个并不存在的心理幽灵,是个幻相。而单纯地承认当下这一刻,就可以阻止这种坏想法——这种想法将会像毒蛇一样侵蚀你的健康与生命。

修炼当下的力量

据说临济禅师为了把门徒从时间带离出来,经常竖起一根手指头,然后发问:"当下,缺什么?"意在告诉门徒们深入当下。禅的传统里还有一个类似的话头是:"如非当下,何时?"然而,在现实生活中,相当多的人在懊悔着过去,担忧着未来,却唯独忽视了当下。他们永远没办法对此时此刻投入全部的注意力!这样的状况如此循环往复,将进入一个无休止的怪圈。下面这个凯西·陈自述的真实事例便是诠释这一说法的最佳典范。

有一年春天,有一个出版社,非常诚挚地向我约稿,稿费标准很高。与此同时,有另一个出版社,也诚挚地向我约稿,选题我非常喜欢。就在这时,一个书商非常抱歉地告诉我,对刚出版的书,他不能准时地付给稿酬。

就这样,我的心里同时挂记着三件事情,而无法专注地做好一件事。我懊恼前一次为什么不把稿子交给那家信誉好的出版社合作,并开始担心起来:万一另一家出版社又像这家一样,出尔反尔不按时付稿酬给我该怎么办呢?我还要给他写吗?还有,稿酬标准高的这个稿约,工程浩大,我能顺利完成吗?

结果不用说,担心着尚未发生的事令我心神不宁,而不能专注在眼前的事情。结果,我在整整一个礼拜里,心浮气躁,什么好东西都没有写出来。

在察觉到这种情形之后,我及时做出了调整:先做好一家出版社的约稿,如果完成后时间还充裕的话,再完成第二家的。我把浩大的工程打散成每天容易完成的小计划,每天充实地做好眼前的计划,不去想别的,至于别人能不能按时给我稿酬,那就由它去吧!

后来,两部稿子我都完成并出版了。

可能你有过这样的经历:当一个艰巨的项目摆在面前的时候,巨大的压力也随之而来。然而。当你把这个大项目分割成一小块、一小块地去做时，你会觉得它瞬间变得容易极了。同样地，日子一年年、一月月地过，往往会觉得不好过，实在是太漫长了。你不妨尝试着将其掰成一分一秒地过，并尽力把这每分每秒过好，如此一来。你会发觉日子变得轻松很多。

专注于此时此刻，是在修炼当下的力量。

专注于此时此刻，你就没有时间懊悔过去，没有时间担忧未来。

专注于此时此刻，是战胜忧愁、焦虑以及恐慌的最佳方案。

专注于此时此刻，你的身上就不会背负着沉重的负担。也不会倍感巨大的压力。

在浩瀚的宇宙中，时间对每个人而言，都是无法复制的，更是无法重复的。你想要收获一个愉悦的人生，就得需要活在当下，好好地过每一刻。智者总是以当下作为他们注意力的主要焦点，从不认为当下的时刻没什么价值，想方设法"打发"它！相反，他们总是会珍惜眼前的分分秒秒。因为他们明白任何计划和朝一个特定目标的努力，都是在当下完成的。

如果你过度地专注于拟定好的奋斗目标，或许是因为你要借由这个目标，追求一种幸福和满足感，或是一份成就感，那么，当下就不再受到你的尊重了。这时，当下会被贬低成一个本身不具价值，而只是通往未来的踏脚石。你的人生不再是一场冒险之旅，而是一连串需要去实现、去获得、去"完成"的执迷不悟。这样一来，你就会对展现在你眼前的生命之美和奇迹而视若无睹。

我们只有专注并把握好每一个此时此刻，才能充分欣赏到人生与生命的美景。

魔力悄悄话

如果你为自己制定了一个奋斗目标，并且朝着它努力，你就是在利用钟表时间。你明了自己人生发展方向的同时，也尊重并对当前的步骤给予全部的注意力。

将你的痛苦降到最低

无论是谁,要想摆脱虚幻的自我,培养出一个完整而真正的自己,必须积极跟自己以及他人的苦痛建立起健康的关系。

苦痛(或者说是"痛苦")这个词,仅仅是听到就令人心生厌恶,然而,实际的情况是,它常常让我们防不胜防。避免苦痛,其实是健康的基础,将痛苦降至最低是智慧的象征。

其实,人世间没有谁能够完全免于生命的苦痛和悲伤。人生而脆弱,难以避免生病、犯错、失败、失去所爱、对生活际遇产生失望。那么,问题难道不是在于如何与它们并存而不是试图躲避吗? 换句话说,我们必须学会跟苦难和平共处,并与之建立起健康的关系。

那么,我们该怎样面对苦痛,与之建立起健康的关系呢?

说实话,这并非一件容易的事情。有人故意视若无睹,从头到尾强颜欢笑:"这没有什么大不了的,天又不会塌下来。"有人引以为豪:"我的麻烦事比你多得多。"有人喜欢炫耀痛苦,对其进行详尽地叙述:"我的那段悲伤史说起来可有年头了,且听我从头给你一一道来。"有人则怨天尤人,深信自己是遭到天谴或诅咒:"这种事老是发生在我身上! 命运怎么可以如此待我呢!"有人抱怨个没完,即使痛苦已经消除,依然杞人忧天地揣想可能到来的痛苦,唯恐痛苦到来时自己会措手不及。有人始终表现得如临大敌,不管值不值得也如此大费周折。也有人垂头丧气,没有丝毫斗志,甚至放弃生命:"我投降。"

上述种种应对痛苦的方式效果都不理想。它们或许能带来些许虚幻的安慰,可是痛苦并不会因为虚幻的安慰而消失得无影无踪,反而痛苦会延续更长时间甚至愈演愈烈。

我们应该懂得,所有痛苦的根源都是来自内心不自在才聚集而成。所以,我们应该从这方面着手采取积极而有效的措施。人不是冷冰冰的机器,可以借用其他的外部力量来控制操纵,并彻底改变其根本属性。仅仅想凭借外部世界的某种手段,去强行消除自己内心深处的种种不快,显然是不现实的。因为痛苦主要是由心聚集而成,所以应该依靠内心来使自己得到安详和平静,应该依靠产生痛苦的心识本身来消除痛苦。

打个比方,痛苦之身就像活着的每一个实体一样想要存活。只有当你无意识地认同它时,它才能"维持生命"。接下来,它就要骑到你的头上,掌控你,"变成你",透过你"展现生命力"。它需要透过你取得"食物"。它以任何与它同类能量相呼应的经验,以任何各种形式:愤怒、毁灭、怨恨、悲伤、情感的戏码、暴力、甚至于疾病所创造出来的痛苦为食。所以,一旦痛苦之身掌控了你,便会在你的生命中,创造一个可以和它能量场共振的情境,好让它取食存活。痛苦只能以痛苦为食,不能以喜乐为食,因为痛苦是无法吞咽下喜悦与快乐的。

有道是"解铃还须系铃人",既然痛苦由心而生,那么,应对痛苦最好的方式就是依靠坦诚和勇敢之心,直接面对它。想从痛苦的另一头出来,就得敢于正视痛苦,进入痛苦的一头。这种情形就好比是你想从隧道的另一头探出,就得先进人隧道。倘若一味逃避痛苦,躲进一个自身营造出来的虚幻世界里,实在是自欺欺人之举。

需要强调指出的是,在人类的苦痛中,其实有绝大部分都是不必要的。它其实是你那个没有受到观察的心智主宰你的生命时,所自编自导出来的。

痛苦的强度,根据你对当下这一刻抗拒的程度而定,而抗拒的程度,又取决于你与心智认同的强度。心智总是想方设法去否认当下、逃避当下。换言之,你越认同你的心智,你所遭受的苦痛就越多。这就意味着,你能够尊重和接受当下的程度越高,你免于痛苦和受苦的程度就越大。

魔力悄悄话

痛苦,也许是你眼中一只危险的怪兽,让你没有勇气观望它。不过可以肯定的是,它其实是一个纸老虎,在你尊重当下、接受当下的态度下,它还是不堪一击的。

照见自我的同时更要看看别人

首先,要把别人当作自然力的安排,一定不要把别人视为魔。实际生活中,如果你能够把最难容忍之人当成是好人对待。那么,你的善心就显露出来了,生活中也就少了许多纠结。

再有,正所谓"众生皆我相"。平日里,要把别人当作你的镜子。如果你发现别人有什么缺点的话,最好拿来反观自己,检省一下自己是否也具有这样的缺点,以免游离在浑然不自知的状态。

有个年轻人,他见别人不守信用,许诺他的事情没下文,他反省自己,瞬间醒悟:"原来我也总是这样轻易许诺呀。"于是,自此改过。

还有一位叫何莉的学员,她不喜欢她的母亲,因为她觉得母亲吝啬得跟葛朗台似的。何莉每次回家都要给家里的所有人准备昂贵的礼物,还经常请朋友们出去K歌、吃饭、看电影。她为自己的这种慷慨大方而自豪。由于对待金钱的理念不同,母女两人关系非常不好。

一位老师告诉何莉,她必须承认自己也有吝啬的一面,只有这样她才能跟母亲重归于好,但是她并不相信老师的话。老师跟何莉进行过好几次这样的谈话,每次她都觉得自己待人非常大方,根本没有吝啬的一面。

几个星期后的一天,何莉在一家超市里给老师打了个电话。她说,她忽然意识到自己刚刚花了近2小时的时间,对比各种商品的价格和分量。她花500美元买一件运动衫都不会眨一下眼睛,但却会为了节约几分钱而纠结良久。突然之间,她意识到,她其实也有吝啬的一面,只不过表达的方式跟她母亲不同罢了。她一边说一边抽泣,压抑了这么多年的情感突然爆发出来,让她不知如何是好。

过了一段时间,何莉终于意识到,吝啬的特质同样能给她带来收获。她学会了买东西时精打细算,并且开始为将来退休后的生活积累存款。在此之前，她花钱总是大手大脚，从来都存不下钱。随着何莉的改变，她与母亲之间的关系也改善了很多。

可见，一个人只有承认和接纳了自己身上具备的所有特质，才能拥有真实的自我。如果你总是刻意避免表现出某一种特质，你的生活就会受到很大的限制；如果你无法表现出慵懒，就无法彻底放松下来；如果你无法对别人表现出愤怒，就容易受人欺负；如果你因为讨厌别人身上的某种特质，刻意朝着相反的方向去表现，那就说明这种特质是你刻意压抑的；如果你特别反感某一类人，就应该寻找自己与他们的相似之处。

魔力悄悄话

事实上，我们不仅会把自己的消极特质投影到别人身上，也会用自己的积极特质去影响别人。许多富有才干和创造力的人，都会对周围的人们产生积极的影响。如果你希望变得像这些人一样，就说明你也具备他们所表现出来的那些特质，只不过表现得不那么明显而已。

第十章
让生活理想的方法

　　在我们脚踏实地拼搏过程中,我们或许也会遇到理想与现实相冲突的情况。是坚持理想还是屈服于现实,总是使我们难以取舍。

　　这个时候,我们不妨想想保罗·杰克逊,细细体味他的经验之谈——不要浅尝辄止,坚持你的理想,无论何时何地!

　　遗憾的是,很多人并不了解脚踏实地行动的真正含义。

　　事实上,唯有认清脚踏实地行动的误区,我们才能早日踏上理想之路,进而开创出幸福的人生。

专注什么,就得到什么

专注之所以有如此魔力,是因为你在心中创造了一个看见"已经拥有想要的事物"的画面,于是你就会产生"现在就已经拥有它"的思想和感觉。强力专注在画面上的思想会引发同样强烈的感受。

你究竟是怎样的一个人呢?在工作和生活中,你是否经常容易精神涣散,注意力转移?你是否经常刚想做点事情,就开始心猿意马,脑子里不知道在想些什么?你是否干什么事情总是不能持久?你是否明明知道对方说的话很重要,也很想认真听,可就是不知不觉地走神儿?你是否只要找到感觉就能专心工作,可就是进入不了状态……

从心理学的角度来说,上述现象均属于注意力缺乏症。注意力缺乏症包括两种:一种是 A 类型的专心不足倾向,另一种是 B 类型的专心过剩倾向。想弄清楚自己的注意力是否缺乏。并且属于哪种类型的问题,可以通过下面的题目做个自我测试。

测试题分为两部分,凡是你觉得"经常会""总是会"的,请在题目后面做个标记,如果觉得"完全不会""偶尔会"的就略过去。

测试一

(1)一开始做事马上就走神了。

(2)无论学习、工作甚至是游戏,都很容易厌倦。

(3)竖着耳朵一字不落地听别人讲话,感觉时间很难熬。

(4)工作和完成别人托付的事都要比别人花费更多的时间。

(5)工作和办事总是在关键时刻功亏一篑。

(6)自己的房间、桌子、皮包、衣柜等杂乱不堪。

(7)常常迟到,总是急急忙忙,完成任务必须要留出时间余量,在时间的安排上总让自己疲于奔命。

(8)经常找不到东西。

（9）出错多是因为粗心大意。

（10）总是忘事。

（11）不知不觉地开始发呆、做白日梦。

（12）总是觉得"无聊""没意思"。

（13）被上司说："还想不想干了？"

（14）觉得很累，浑身懒散。

（15）满脑子都是放心不下的事。

上面15道问题中，如果被标记的题目超过7项，那说明你是A类型专心不足，且倾向很严重，超过5项则在危险范围内。

测试二

（1）做超出自己能力范围以外的事，而且总是不弄得筋疲力尽不罢休。

（2）被人称为"整理癖""计划癖"。

（3）和其他人相比总是担心事情进展得不顺利。

（4）经常频繁地使用"但是""可是"之类的字眼。

（5）经常和别人的意见相左，喜欢抬杠。

（6）一旦有了不祥的预感，就总是挥之不去，同一件事情颠来覆去地想个不停。

（7）尽管也知道是一件不应该做的、无聊的、不想做的事。但还是停不下来，直到把它做完为止。

（8）对变化和变更异常反感。

（9）对讨厌的、不合自己心意的事总是耿耿于怀。

（10）当从一个话题转入下一个话题或从一个任务转向其他任务时，感觉极为不适应。

（11）非常不善于根据情况的不同进行多选项的比较和选择。

（12）固执己见，丝毫不听取别人的意见。

（13）无论去做什么还是不去做什么，一旦形成模式和习惯，就绝对不会轻易改变。

（14）对待各类事情有自己固定的一套对策，哪怕略有偏差都会觉得不舒服。

（15）周围人都评价说："过于在意了""想得太多了"。

以上测试也是以7项为界限，如果达到7项以上则属于B类型的专心过剩倾向。

　　不管是专心不足还是专心过剩,都容易对工作、对生活产生不良影响。当务之急就是改变注意力缺乏现象,把精力集中起来,并让这种专心致志的状态保持较长的时间。

魔力悄悄话

　　当你把注意力集中于某件事物上的时候,你就是向宇宙发出强大的频率。吸引力法则会捕捉这个有力的讯号,把与你心中所想的一模一样的画面传回来给你;反之,如果你注意力不集中,做事也不会脚踏实地,最后自然难以成事。

眼里要有小事

一位青年满怀烦恼去找一位智者,他大学毕业后,曾豪情万丈地为自己树立了许多目标,可是几年下来,依然一事无成。他找到智者时,智者正在河边小屋里读书,智者微笑着听完青年的倾诉,对他说:"来,你先帮我烧壶开水!"青年看见墙角放着一把极大的水壶,旁边是一个小火灶,可是没发现柴火,于是便出去找,他在外面拾了一些枯枝回来,装满一壶水,放在灶台上,在灶内放了一些柴火便烧了起来,可是由于壶太大,那捆柴火烧尽了,水也没开。于是他跑出去继续找柴火,那壶水已经凉得差不多了。这回他学聪明了,没有急于点火,而是再次出去找了些柴火,由于柴火准备得充足,水不一会就烧开了。

智者忽然问他:"如果没有足够的柴火,你该怎样把水烧开?"

青年想了一会,摇摇头。智者说:"如果那样,就把水壶里的水倒掉一些!"青年若有所思地点了点头。智者接着说:"你一开始踌躇满志,树立了太多的目标,就像这个大水壶装的水太多一样,而你又没有足够的柴火,所以不能把水烧开,要想把水烧开,你或者倒出一些水,或者先去准备柴火!"

青年顿时大悟。回去后,他把计划中所列的目标划掉了许多,只留下最近的几个,同时利用业余时间学习各种专业知识。几年后,他的目标基本上都实现了。

这个故事启示我们,只有删繁就简,从最近的目标开始,从小事做起,才会一步步走向成功,吸引来你所欲求的一切。

下面是著名作家兼战地记者西华·莱德先生的两则故事:

第一个故事:

"第二次世界大战期间,我跟几个人不得不从一架破损的运输机上跳伞逃生，结果迫降在缅印交界处的树林里。当时唯一能做的就是拖着沉重的步伐往印度走，全程长达 140 英里，必须在 8 月的酷热和季风所带来的暴雨侵袭下，翻山越岭长途跋涉。

"才走了一个小时，我一只长筒鞋的鞋钉扎了另一只脚，傍晚时双脚都起泡出血，血泡像硬币那般大小。我能一瘸一拐走完 140 英里吗？别人的情况也差不多，甚至更糟糕。他们能不能走呢？我们以为完蛋了，但是又不能不走。为了在晚上找个地方休息，我们别无选择，只好硬着头皮走完下一英里路。"

第二个故事：

"当我推掉其他工作，开始写一本书时，心一直定不下来，我差点放弃一直引以为荣的教授尊严，也就是说几乎不想干了，最后我强迫自己只去想下一个段落怎么写，而非下一页，当然更不是下一章。整整 6 个月的时间，除了一段一段不停地写以外，什么事情也没做，结果居然写成了。

"几年以后，我接了一件每天写一个广播剧本的差事，到目前为止一共写了 2 000 个剧本。如果当时签一张'写作 2 000 个剧本'合同，我一定会被这个庞大的数目吓倒，甚至把它推掉，好在只是写一个剧本，接着又写一个，就这样日积月累真的写出这么多了。"

进步是一点一滴不断努力而得来的。长城是由一砖一砖地慢慢堆砌而成的。成功的生活也应该如此脚踏实地。然而，在生活中，一些人总想着做出一番轰轰烈烈的大事，对于小事不屑一顾，可是却又因找不到大事让自己施展才华而常常叹息"千里马常有而伯乐不常有"或"英雄无用武之地"。这都是因为他眼高手低，小事不想干，大事又干不了。其实无论在生活中还是工作中，所有的大事业都是由小事情一步一步发展而来的。你要想成为一个有所作为的成功者，现在就必须养成一切从小事做起的习惯。

下面这则故事，将带给你更大的启示：

杰克逊先生是个普通的年轻人，二十几岁，有妻子和小孩，收入并不多。他们全家住在一间小公寓里。夫妇俩都渴望有一套自己的新房子，他们希望有较大的活动空间、比较整洁的环境,小孩有玩的地方,同时增添一份家产。

买房子的确很难,必须有钱支付分期付款的头款才行。有一天,当他签发下个月的房租支票时,突然很不耐烦,因为房租跟新房子每月的分期付款相差无几。

杰克逊跟妻子说:"下个礼拜我们就去买一套新房子,你意下如何?"

"你怎么突然想到这个?"她问,"开玩笑!我们哪有能力!可能连首付款都交不起!"

然而,他已经下定决心:"跟我们一样想买一套新房子的人们有几十万,其中只有一半能如愿以偿,一定是什么事情使他们打消这个念头。我们要想办法买一套新房子。虽然我现在还不知道怎么凑钱,可是一定要想办法。"

第二个礼拜他们真的找到了一套两人都满意的房子,简洁大方又实用,首付款1 200美元。现在的问题是如何凑够1 200美元。他知道无法从银行借到这笔钱,因为这样会妨害他的信用,使他无法获得一项关于销售款项的抵押借款。

最终,皇天不负有心人,杰克逊突然有了一个灵感,为什么不直接找承包商谈谈,向他私人贷款呢?他真的这么做了。承包商最初态度非常冷淡,但由于杰克逊一直坚持,他终于同意了。他同意杰克逊把1 200美元的借款按月交还100美元,利息另外计算。

眼下,杰克逊要做的是,每个月凑出100美元。夫妇两人想尽办法,1个月只能省下25美元,还有75美元要另外设法筹措。这时杰克逊又想到另一个点子。第二天早上他直接跟老板解释这件事,他老板也很高兴他买房子了。

杰克逊说:"领导啊,你看,为了买房子,我每个月要多赚75美元才行。我知道,当你认为我值得加薪时一定会加,可是我现在很想赚点钱。公司的某些事情可能在周末做更好,你能不能答应我在周末加班,有没有这个可能呢?"

老板被他的诚恳和雄心感动了,还真的找出许多事情让他在周末工作10小时,杰克逊因此满心欢喜地搬进了新房子。

不难看出,杰克逊之所以买房子成功了,关键在于他认准了目标后,马上开始了脚踏实地的行动,用心做着每一件小事。他在行动过程中还有条不紊地解决遇到的困难,因而最终实现了自己的愿望。也许生活中我们都有许多大梦想去改变我们的人生,但却因为把困难想象得过于庞大,而在没有做之前就否定了自己。其实,只要把事情分解成一个个的小事,并一一用心做好,就会在不知不觉中把大事完成,获得成功。

魔力悄悄话

不要小看自己所做的每一件事,即便是最小的一件事,也要全力以赴、尽职尽责地去完成。小事成就大事,小事情的顺利完成,有利于大事情的顺利达成。只有一步一个脚印地向上攀登,才不会轻易跌落,成功的真正能量就蕴藏在其中。

不要仅限于浅尝辄止

首先问几个问题：

（1）从幼稚日趋成熟的你仍然觉得理想重要吗？

（2）你生活中的理想是什么？

（3）最初的理想你现在还在坚持吗？

（4）你敢不敢坚持你的理想更久一点？

（5）你是否对理想因为初期的行动失败而浅尝辄止，甚至从此变得一蹶不振？

这些问题也许都没有意义，其实你真的有迈出过朝向理想的那一步吗？

保罗·杰克逊是一位很有名气的眼科医生，尽管他还年轻，但这并不妨碍他成为美国佛罗里达州眼科界的权威。有一次，他在接受记者采访时，谈及他成功的经历。有一句话很能给人以启示。他说："无论遇到怎样对你不利的事情，有一样东西你一定不可以丢弃，那就是——坚持你的理想。"

保罗·杰克逊还谈到自己学医的动机。那是在他童年时，他的父亲患上了严重的眼病，花了很多钱，寻访了许多医生，然而，父亲的眼睛还是没能够保住。从那时候起，保罗·杰克逊发誓要做最好的医生，帮助那些像他父亲一样的人，使他们可以重见光明。为此，他疏远了以前的玩伴，并且几乎不结交学业以外的朋友。目的当然只有一个：节省下一切时间，为了心中的理想努力学习。

还应提到的是，保罗·杰克逊一家并不富有。父亲失明后，更是陷入了贫困。所以保罗·杰克逊大学毕业后，在工作和继续深造的十字路口犹豫不定。这时是他的母亲，一位普通的家庭主妇使他下定了决心。她母亲说："不要让眼前的东西迷失了自己的眼睛。如果你已经选择了，就不要轻易放弃。一切的付出都是有回报的。"因此，保罗·杰克逊放弃了唾手可得的高薪工作,继续攻读他的学业。几年后,他终于成为美国医学界令人惊讶的后起之秀。

接下来,我们再看一个美国专栏作家弗兰克·A·格拉顿的真实故事:

弗兰克·A·格拉顿年轻时深受英国作家威廉·科贝特的影响,辞掉了报社的工作,一头扎进创作中去。由于没有收入,连房租都交不起。白天,为了躲避房东催交房租,只好漫无目的地在马路上走来走去,何时才能写出自己的鸿篇巨著呀,他感到有些绝望。

一天,在42号街遇到了他当记者时曾采访过的俄国著名歌星夏里宾先生,没想到这位名噪一时的人物还记得他。格拉顿忍不住向夏里宾倾诉了自己的苦恼。夏里宾听过之后,对他说:"我的旅馆在103号街,跟我一同过去,好不好?"

"什么,103号街? 我怎么可能一下子走这么远的路?"格拉顿惊叹道。

"是呀,从这里到103号街要过60个街口,少说也要走上两个多小时!"夏里宾换了一种口气说,"我们不到我的旅馆了,咱们向前走,过6条街,到贝里射击游艺场玩玩怎么样?"

夏里宾的这番话打消了格拉顿的顾虑,他们到了游艺场门口,看了一会儿两名屡次射击不中目标的水兵。然后继续前进,不一会儿就到了长纳奇大戏院,"现在离中央公园只有5条横马路了,我们去看看那只奇怪的猩猩吧!"夏里宾愉快的话语让格拉顿感到说不出的轻松……就这样走走停停,不知不觉间已到了103号街。原该精疲力竭的他,却并没感到一点累。格拉顿掏出怀表看了看,时间已过去了将近4个小时。夏里宾先生满意地对他说,"并不太远吧。现在我们到我旅馆附近的餐馆去吃饭吧。"

由此可见,一个人所处的位置无论与他的目的地之间的距离多么遥远,如果能够轻松地、满怀愉悦心情地上路,一步一个脚印,在迈向目标(理想)的过程中,才不会感到烦闷,才不会被遥远的目的地吓住,才会有把理想坚持到底的可能。

除非你能体验到美妙的感觉,否则就不要作出任何行动。什么意思呢?你的义务是,首先找到你感觉到对的地方,然后再去采取行动。那这样做是

方法力——为有源头活水来

在怂恿人们偷懒吗？当然不是！行动是美妙的。你要尽你所能多采取行动,并切实爱上脚踏实地的行动。但首要前提是,依循你美好的感觉去行动。唯有如此,你才能在坚持理想的过程中,逐步实现你的美好理想。

魔力悄悄话

在我们脚踏实地拼搏过程中,我们或许也会遇到理想与现实相冲突的情况。是坚持理想还是屈服于现实,总是使我们难以取舍。这个时候,我们不妨想想保罗·杰克逊,细细体味他的经验之谈——不要浅尝辄止,坚持你的理想,无论何时何地!

早日踏上理想之路的前提

世上的每一个人其实都雇佣着一位不可思议的"经理"。它让你知道：你是一位梦显家（梦想显现专家）。当然，成为一个脚踏实地的行动者也不错。但唯有当你对自己的梦想感觉非常清晰且周全的时候才去采取行动，那么，你行动的过程才会充满愉悦、充实、舒适的感觉，并且行动有效。

从现在起就对这位"经理"下达你的指令（愿望）吧。

1.脚踏实地不等于放弃思考

在不少人看来，脚踏实地就是按部就班，做好自己的本分工作。这也许是对的，但我们提倡做事要脚踏实地，并不是在怂恿你放弃思考的权利！

大学时读经济管理专业的李梅来公司已经半年了，她的职位是经理助理，实际上更类似于一个打杂的。李梅每天面对的是形形色色的报表，而她只需要把这一摞报表复印、装订成册即可。在财务人员忙得不可开交时，她会去凑个手。

如果是你，面对这样琐碎杂乱而且不太可能有发展机会的工作，你是不是吃饱混天黑，然后寻找一个机会跳槽？李梅的做法又是怎样的呢？

在复印并装订报表的时候，她先仔细地过目各种报表的填写方法，逐步地用经济学的方法分析公司的开销，并结合公司的一些正在实施的项目，揣度公司的经济管理情况。工作到第八个月的时候，李梅书面汇报了公司内部一些不合理的经济策略，并提出相应的整改意见。时隔两年，现在的她，已经是公司的高层决策人了。

很显然，处理和分析日常琐碎事务体现了一个人的能动性。你要能够在很基础、很凌乱的事情中保持冷静的分析和思考，这样你才会把自己所做的事升华为成功。否则，就算你再踏实，日复一日只是单纯的重复罢了。

现在,你应该更深层次地理解到踏实的含义了吧,记住,不要忘记了思考!

2. 脚踏实地不等于一味等待

事实证明,只要你年轻睿智,只要你胸怀理想,只要你渴望成功,你就应该踏实地工作。于是,问题出来了,在你踏实工作的时候,是否也在踏实地浪费掉属于你的机会?

不少人认为"机会只有一次""只要我做到了,机会自然会来到",因为他们看不到机会,恐怕没有任何信念要比这个信念更加可怕了。不过,这个信念在一部分人的集体意识中是如此普遍,以至于足以变成陈词滥调。当他们这么做时,他们就似乎是在诉说:"我的创意时光已经成为历史了。我的任务已完成了。我的人生就注定这样了。"这实在是大错特错!

脚踏实地并不意味着木讷的头脑和竞争意识的缺乏,相反,它对这些提出了更高的要求。在工作中,你需要不断地思考,以便去发现机会,把握机会。为此,我们提出五点建议:养成掌握和获取大量的信息的习惯;培养把握机遇的灵感;进行科学的推理和准确的判断;锻炼当断即断的决断力;了解其他成功人士的成功经验。

3. 脚踏实地不等于废寝忘食

不要想当然地以为踏实工作的人就只知废寝忘食,不知疲倦地努力工作。我们所说的踏实的人是善于工作也善于休息的人,因为踏实的人懂得"磨刀不误砍柴工"。

多年前有一位探险家,雇用了一群当地土著作为向导及挑夫,在南美的丛林中找寻古印加帝国的遗迹。尽管背着笨重的行李,那群土著依旧健步如飞,长年四处征战的探险家也比不上他们的速度,每每喊着让前面的土著停下来等候一下。

探险的旅程就在这样的追赶中展开,虽然探险家总是落后,在时间的压力下,也是竭尽所能地跟着土著前进。到了第四天清晨,探险家一早醒来,立即催促着土著赶快打点行李上路,不料土著们却不为所动,令探险家十分恼怒。

后来与向导沟通之后,探险家终于了解了背后的原因。这群土著自古以来便流传着一项神秘的习俗,就是在旅途中他们总是拼命地往前冲,但每走上三天,便需要休息一天。向导说:"那是为了让我们的灵魂,能够追得上我们赶了三天路的身体。"

有两个和尚分别住在相邻的两座山上的庙里。两山之间有一条小溪,两个和尚每天都会在同一时间下山去溪边挑水。久而久之,他们便成为好朋友了。

时光匆匆飞逝,不知不觉,在每天挑水中,一晃就是五个春秋。忽然有一天,左边这座山的和尚没有下山挑水,右边那座山的和尚心想:"他大概睡过头了。"便不以为意。哪知第二天,左边这座山的和尚,还是没有下山挑水,第三天也一样,过了一个星期,还是一样。直到过了一个月,右边那座山的和尚,终于按捺不住了。他心想:"他可能病了,我要过去探望他,看看能帮上什么忙。"于是,他爬上了左边这座山去探望他的老朋友。

当他抵达左边这座山的庙看到他的老友之后,大吃一惊。因为他的老友正在庙前打太极拳,一点也不像一个月没喝水的人。他惊讶地问:"你已经一个月没有下山挑水了,难道你可以不用喝水吗?"左边这座山的和尚微笑着说:"来来来,我带你去看看。"

于是,他带着右边那座山的和尚走到庙的后院,指着一口井说:"这五年来,我每天做完功课后,都会抽空挖这口井。虽然我们现在身强体健,还能自己挑水喝。如果有一天我们都年迈走不动时,我们还能指望别人给我们挑水喝吗?所以,就算我再忙再累,也没有间断过我的挖井计划,能挖多少算多少。如今,终于让我挖出井,我就不必再下山挑水,我可以有更多的时间来练习我喜欢的太极拳了。"

扩展到工作领域。工作挣钱就好比是在挑水。我们常常会忘记把握下班后的时间,挖一口属于自己的井,培养自己另一方面的实力,给自己多铺一条路。如此一来,就算年老体衰,我们依然还会有"水"喝,而且还能喝得很悠闲,且源源不断。

4. 脚踏实地不等于重复行动。也不等于盲目行动

踏实地工作不是为了一遍遍的重复,而是要达到自己理想的高度。脚踏实地不仅仅是为了一步步地前进,而且要不断地实现目标,并创造新的目标。然而,很多人却常打着脚踏实地的旗号,许久之后还是不能取得什么进展。这多半是因为他们的目标过于模糊,或是介于某两者之间,处于摇摆不

定的状态。一个清晰的目标是不会让人轻易放弃的。

再有,踏实不等于盲目行动。踏实的人往往会有一个合理的职业生涯计划,但这个计划是要根据你的性格来决定的。做自己喜欢而又胜任的事,最容易有成就;相对地,自己喜欢但不胜任的事,只能成为"兴趣";自己胜任但却不喜欢的事,将成为糊口而毫无乐趣的工具;最悲伤的是一生都在做自己既不喜欢也不胜任的事,那就是失败之源。所以,在你制定自己的职业计划时,要考虑以下几点:

——你喜欢做什么事,就会变成什么人。

——做你胜任的事,能使你的成功更上一层楼。

——你喜欢哪些职业,就去从事哪些职业(心想事成)。

——"天生我才必有用"。每个人都会在机械、科学、艺术、教导、推销、文书等方面,或在操作、数学、舞蹈、声乐、管理、办公等方面,有所擅长,具有某一独特的较强的能力。

接下来,你可以为自己希望成就的事业画一张图,创造一张"未来事业图"。你的图像应该是长时间的、理性的、冒险的,而且多少是由直觉产生的。但是,记住,这幅未来图像一定要投射在起初的明日世界中。如果你要这幅图像有用,它就必须既是可以达到,又是你自己所感到满意的,这样在未来的时光中,它才会刺激并引导你迈步向前。

魔力悄悄话

当然,仅仅凭借愿望,没有脚踏实地的行动的话,对改变现状是没有什么实际意义的,这样做跟画饼充饥没什么区别。只有愿望与行动相互配合,合力带你上路,最终你才会获得你所寻求的。遗憾的是,很多人并不了解脚踏实地行动的真正含义。事实上,唯有认清脚踏实地行动的误区,我们才能早日踏上理想之路,进而开创出幸福的人生。

第十一章 专注力让你更优秀

所谓"专注",就是集中精力、全神贯注,把意识集中在某种特定的行为上。

一个在生活中专注的人,往往能够把自己的时间、精力和智慧凝聚到所要干的事情上,从而最大限度地发挥积极性、主动性和创造性,努力实现自己的目标。

在生活和学习中,如果你希望自己的孩子能够最大限度地发挥自身的潜能,请从小培养孩子专注的能力开始。因为只有专注的能力才能为孩子的一生成功保驾护航。

专心——注意——成功

有一笑话,讲的是张三开着车在乡间的小路上奔驰着,他一边抽着烟,一边哼着小曲儿,好不自在。这时,迎面开来一辆货车,货车司机摇下窗户冲着他大声喊:"猪,猪……"张三无缘无故挨了"骂",一时怒火攻心,回骂道:"你才是猪。"不料,等他回过神来,迎头就撞上一群过马路的猪。

故事中的张三,之所以发生"撞猪"的事故,与他开车不专心有着很大的关系,因为不专心,所以没有注意到迎面走来的猪,在这种情况下,发生车仰人翻的事故并不稀奇。在生活中,因为不专心,导致视而不见、听而不闻的事件并不鲜见。

案例一:

马明一边走路一边想着 NBA 球赛,想到精彩的地方,他忍不住手舞足蹈起来,这时候,一辆自行车从他旁边斜穿而过,骑车的人回头狠狠地骂了一句:"你找死呀!都红灯了还过马路!"马明这才吃惊地发现:什么时候自己已经走到十字路口的中央了。他暗自庆幸:好险哪!

案例二:

晓栋在桌屉里找练习本,他的桌屉里塞满了乱七八糟的东西:擦过鼻涕的纸巾、旧报刊、各种颜色的蜡笔、折得面目全非的课本……可怎么找也找不着练习本。老师走到他身边,他浑然不觉,等到老师喊他名字时,他才反应过来,惊讶地说:"您叫我?"班上的同学哄堂大笑起来,原来,老师在讲台上已经叫了他三遍了。

老师问他找什么,他说找练习本,老师探头一看,练习本就在晓栋的眼皮底下!晓栋又是一惊:"呀!怎么老半天没找着,原来就在这啊!"实际上,晓栋一边在找练习本,一边在想网游升级的事情呢!

……

案例一中的马明之所以连自己已经走到十字路口,且已经走到路中央还浑然不知,是因为他的心思没有放在走路这件事情上,他想的是 NBA 球赛,所以,才没有注意到路况。而案例二中的晓栋更是没有专心听课、用心找练习本,因此,练习本就在他的眼皮底下,他都没发现,老师在讲台前叫了他三遍他也没有听到……

一个人从看某一件东西(场景)到记住的过程包括几步:看见——看全(范围)——看清楚(细节)——看明白(理解)——记住。

同样,一个人听某一声音(场景)到记住的过程也大致包括几步:听见——听全(范围)——听清楚(细微)——听明白(理解)——记住。

这两种过程中,任何环节出现了问题都会影响最后的效果,有意识的参与,即将意识(心思)集中到某件事情上,才可能有注意,有发现。

19 世纪最伟大的德国数学家高斯,从小就非常勤奋。为了省钱,高斯家晚上是不点灯的。但是,高斯太喜欢读书了,于是他在一个大萝卜上挖个窝,塞进一块油脂,插上灯芯,做成一盏小油灯。这样他就可以在微弱的光线中继续研究,直到深夜。

在上学期间,高斯还写了许多"数学日记",记录在解题时的新发现和新解法等。有了这些坚实的知识基础,高斯在 17 岁时就发现了好几个数学定理,成了很有名的小数学家。

1795 年,18 岁的高斯来到著名的哥廷根大学攻读教学,很快就成为数学界的一颗新星。

有人曾问高斯:"你为什么在数学上能有那么多的发现?"高斯回答说:"假如别人和我一样专心和持久地思考数学真理,他也会有同样的发现。"

高斯的例子告诉我们,勤奋者必定是专心的,专心者才能注意到他人没有注意到的事情,才能有所发现,才懂得高效地利用时间,从而获得成功。

弗莱明的故事讲述的同样是这个道理:

1928 年 9 月的一天，英国圣玛利学院的细菌学讲师弗莱明像往常一样，来到实验室工作。

在实验室的一排排架子上，整整齐齐地排列着很多玻璃器皿，上面还分别贴着标签写着链状球菌、大肠杆菌、葡萄状球菌等。这些都是有毒的细菌，尤其是其中一种在显微镜下看起来像葡萄的细菌，存在很广泛，危害也非常大，病人的伤口化脓感染，就是这种细菌在"作怪"。弗莱明培养它们，目的就是为了找到一种能够制服它们、使它们变成无毒细菌的方法。遗憾的是，他试验了各种试剂，还没有找到合适的药品。

这天，弗莱明又来到架子前，逐个检查着培养器皿中细菌的变化情况。当他来到靠近窗户的一只培养器皿前时，他发现葡萄状球菌培养器皿中的培养基长出了一团青色的霉。

这时，弗莱明的助手赶紧过来说："这可能是被杂菌污染了，不用它了，还是倒掉算了！"弗莱明示意助手不要倒掉培养基，接着，他仔细地观察起这团青色的霉状物，在观察中，他惊奇地发现：在青色的霉菌周围，有一圈空白的区域，原来生长的葡萄状球菌消失了。

难道是这种青霉菌把葡萄状球菌杀灭了吗？想到这里，弗莱明不禁一阵兴奋，他马上把这瓶培养基拿到显微镜下观察，结果发现，青霉菌附近的葡萄状球菌已经全部死去，只留下一点残迹。

于是，弗莱明立即决定，把青霉菌放在培养基中培养。

几天后，青霉菌明显地繁殖起来。弗莱明开始了新的试验：他用一根线粘上溶了水的葡萄状球菌，然后再放入青霉菌的培养基的器皿中。

几个小时后，葡萄状球菌全部死掉。

接着，弗莱明又分别把带有链状球菌、白喉菌、肺炎球菌的线放进去。结果，这些细菌也很快死掉。

为了弄清青霉菌对葡萄球菌的杀伤能力有多大，弗莱明把青霉菌的培养液加水稀释，先是一倍、两倍……最后以 800 倍水稀释，结果，这稀释过的青霉菌对葡萄状球菌和肺炎菌的杀灭能力依然存在。这在当时，是人类发现的最强有力的一种杀菌物质了。

后来，弗莱明把他的发现写成论文发表。他把这种青霉菌分泌的杀菌物质称为青霉素。

由于弗莱明在青霉素的发现和利用方面做出的杰出贡献，他于 1945 年获得了诺贝尔生理学及医学奖。

无数科学家成才、成功的故事告诉我们，要想在一件事情上有所发现，有所收获，就应该专心、投入，只有这样，才能获得最佳的效果。也正因为如此，我们说，专心是一个人获得成功的重要因素。

对于孩子来说，专心的品质更是必不可少。只有"心"专，才能全身心地投入到学习中，高度专注地完成任务，才有收获。

在日常生活中，家长应该提醒和引导孩子留心生活，用心做事，养成专注的习惯。如，写作业时，家长应事先告诉孩子，要静下心来，专心致志地完成作业，做完事情再去玩；做一件事情要有始有终，不要三心二意，更不能半途而废；在春意盎然的时节，一家人漫步公园时，家长可提醒孩子注意是否长出了翠绿的小草、绽放了绚丽的花朵；参观画展时，家长提醒孩子仔细观察画家在色彩与构图上的细微变化……从小养成专注的习惯，将让孩子一生都受益无穷。

魔力悄悄话

一个人只有有意识地参与并集中于一定对象，他的感官——眼睛和耳朵才会指向这个事物，才能听明白、看清楚。反之，如果这个人的意识，即心思不在这个事物上面，也就是不专心，那么，他的眼睛和耳朵也就不可能指向这个事物，从而出现"目中无物、耳中无声"的现象。

专注,才会挖掘出自身的能量

只有专注,你才能把你所有的时间和智慧都凝聚在你想要做的事情上,你会竭尽全力,即使遇到困难,也能勇往直前。而一个做任何事都虎头蛇尾的人,即使立下凌云壮志,也只是黄粱美梦,因为"欲多则心散,心散则志衰,志衰则思不达也"。

伟大的法国作家莫泊桑早年拜福楼拜为师,福楼拜却没有告诉莫泊桑任何实实在在的关于写作的技巧和方法,而是给他布置了一个作业,那就是坐在门口,盯着来来往往的马车夫。福楼拜对莫泊桑说:"你只盯着一位马车夫就好,如果你能把他描绘得和其他马车夫都不相同,让人能在人群中一眼看出来,那你就成功了。"

专注地做一件事比三心二意地做一百件事都有用。莫泊桑之所以后来成为一代文豪,除了天赋的原因,专注也起到了重要作用。专注地分析人物性格,栩栩如生地描绘人物形象,让他在短短的生命里创造了奇迹。歌德说:"无论从事什么样的工作,只要你具备了专注的精神,就一定会有所成就。"

而当你专注于某个目标,把全部的时间和精力都放在上面时,往往就可以创造工作的奇迹。

当麦肯锡还是一个从俄亥俄州来的国会议员时,胡佛总统便对他说:"为了取得成功、获得名誉,你必须专注于某一个特定方向的发展。你千万不可以一有某种情绪或者方案就立即发表演说,把它表达出来。你固然可以选择立法的某一个分支作为你学习的对象,但是,你为什么不选择关税为你的学习对象呢?这个题目在接下来的几年中都不会被解决,所以,它将为你提供一个广阔的学习天地。"

这些话对麦肯锡来说犹如醍醐灌顶,麦肯锡从此开始研究关税,过了几年,麦肯锡成为关税领域最顶尖的专家之一。随着麦肯锡的关税方案被参议院通过,麦肯锡也达到了事业的顶峰。

专注是一种巨大的力量,成功者和失败者的区别并不在于他们花费了多少时间、精力,做了多少事,而是在于他们是否能有一件"专注"的事——自己的工作和人生目标,让所有的一切都为此服务。当一个人有很大的梦想和热情,却把精力分散到许多事情上时,这样的人是不会成功的。

沃伦·哈特格伦没上过几年学,年纪轻轻就开始做挖沙工人。挖沙工作是漫长而又辛苦的,这让沃伦·哈特格伦下定决心,一定要成就自己的人生事业——成为研究南非树蛙的专家。按照哈特格伦所受的教育,那几乎是不可能的。但是自从1969年开始,沃伦·哈特格伦每天都收集150个标本,共做了大约300万字的笔记,终于找到了南非树蛙的生活规律。他还从这种蛙类身上提取了世界上极为罕见的一种能预防皮肤伤病的药物,从而一举成名,获得了哈佛大学的博士学位,并成为美国《时代》周刊的封面人物。

魔力悄悄话

专注会让我们发挥自身的能量,三心二意会让人变得懒散,什么也做不好。一个成功大师说:"一些人之所以成功,不是因为与别人相比他有多聪明、多出色,而是在于他的专注。"专注让你的工作能趋于完美,提高你的效率,训练你的专业能力。

专注，让不可能变得可能

专注，总是能让人完成看似不可思议的目标。伍迪·艾伦说过："生活中有90%的时间只是在混日子。大多数人的生活层次只停留在为吃饭而吃饭、为搭车而搭车、为工作而工作、为回家而回家。他们从一个地方逛到另一个地方，事情做完一件又一件，好像做了很多事，但却很少有时间去追求自己真正想要达成的目标。就这样，一直到终老。我猜想很多人临到退休时才发现自己虚度了大半生，剩余的日子又在病痛中一点一点地流逝。要想成就自己的事业，这样做是绝对不行的，必须把时间和精力投入到专项上，你才能非同寻常。"

专注，会帮助你不断地深化认识，从现象到本质，从肤浅到深刻，如果不能持之以恒，保持"专一"，就很难达到"专业"。

赫尔曼·西蒙是欧洲最负盛名的管理大师之一，被评为"已故大师德鲁克之后最有影响力的欧洲管理大师"，他提出了"隐形冠军"的说法。他说，公众可能很少听到这些企业，但是这些企业却是非常强大，稳坐业内前几名，这样的企业就是"隐形冠军"。在分析这些企业成功原因的时候，西蒙认真地说："那就是'专'。""隐形冠军"很可能是小公司，也可能是慢公司，甚至还可能是笨公司，但绝不会是"差公司"。

西蒙说："它们也许只专注于一种产品，却把它做到了最出色，至少，要比所有的竞争对手出色。"是专注，让这些默默无闻的公司成为冠军，大家可以想一下，人和公司一样，在起初的时候都是弱小的，你不能和别人拼全部，但是你可以选择最擅长的一个方向，努力积蓄实力，专注地发展自己的某个长处，以专取胜。古语有云，"不怕多招通，就怕一门精"，说的就是这个道理。

德国一家专门从事医疗设备经营的公司负责人乌尔姆有这样的说法：

"我们从来都只有一个客户,将来也只会有一个客户,那就是医药行业。我们只做一件事情,但是我们会把它做到最好!通过专注和聚焦,达到最高水准。"高度专注,对于所从事的行业求深不求广。全力以赴一个领域,想不成为这个领域最优秀的企业都难。

每个人都想成就一番事业,实现自己在这个世界上走一趟的价值,但是在通向成功的路上总是充满了各种诱惑,让最初的目标渐渐被混淆。

有这样两位朋友,大学的时候成绩都差不多,但性格有很大区别,小 A 比较内敛,有时候见着生人还脸红。而小 B 活泼开朗,还在学生会担任过大大小小的职务。同学们都认为,小 B 将来肯定比较适应社会,比较容易成功。但是,结果却大大出乎人们的意料。

小 B 性格开朗,却略为骄傲浮躁,总认为领导对自己大材小用。本来刚毕业她就签到了一个非常好的工作,但她干了一段时间就厌倦了,迫不及待地跳槽。很多工作都尝试了一遍,却越跳越糟糕,几年下来,还是个小职员。而小 A,因为生性内向,找工作比别人晚了两个月,但是她就在那家公司一直待到现在,从最初的小职员做到部门主管。她踏实肯干,不断地"修炼"自己的专业,一直到现在,她还经常为专业考试学习充电,目前已经成为工作领域的"大姐大"。

所以说,要想成就一番事业,绝对要"专一",你要耐得住寂寞,经得起诱惑,不好高骛远,见异思迁。你要专心致志、不懈努力,不受外界的干扰,踏踏实实地向着既定目标迈进。无数事实证明,专注是走向成功的一个重要因素。

无数的例子都向我们证明"盯住一点"是成功的要点,也是成才的起点。"专心"方可"致志"。真正的成功者,他一生做成功的事,实际上只有一件事而已。

习惯之所以称之为习惯,是因为它是经过长期重复地做,逐渐养成的,不自觉的行为活动,它具有延续的惯性。生活中,我们每个人每天的生活在很大程度上都是在沿着习惯的轨迹,做着机械重复的运动。孩子是否专注也一样。如果孩子养成利于专注的好习惯,那么,他做任何事情就都能够专心致志;反之,如果孩子养成了不利于专注的坏习惯,自然也就没有办法不分心了。

乐乐小的时候,与大多数孩子一样不喜欢吃饭。奶奶为了能让宝宝多吃一口饭菜,常常追着他跑,而他也总是心不在焉的,一边玩手里的玩具一边吃东西,或者一边看电视一边吃东西。

等乐乐上了一年级以后,妈妈发现,乐乐不管做什么事情都不专心。比如说吃饭吧,他总是眼睛一眨不眨地盯着电视机,一顿饭要吃上将近一个钟头才能吃完,即便早上上课都要迟到了,他也一点都不着急;过马路的时候,他总是这边瞅瞅、那边看看,走走停停;上课的时候他更是无法集中精神,他会一边回味电视里的情节一边笑,或者一个人在那里捣弄笔盒,把笔盒当车子开,浑然不知这是在课堂上……老师多次找乐乐的妈妈反映这一情况,而乐乐的妈妈却是一点办法也没有,如何才能让乐乐专心点呢?她为此犯了愁。

乐乐之所以过马路心不在焉,上课开小差,是因为他从奶奶追着他吃饭那时候开始就已经养成了不专心的习惯。这种习惯根深蒂固,要纠正的话,是需要一定的时间与耐心的。

生活中,有很多不良的坏习惯影响到孩子专注能力的发展。具体体现在以下几个方面:

1. 生活杂乱无章。

一些孩子生活缺乏秩序感,自己的东西从来不整理,玩过的玩具和书包、本子一起堆在书桌上,也没有整理书包的习惯,以至于书包里放了哪些东西都不知道,每每上课,他会因为找一件东西而大费周章,使注意力分散,影响到上课。

2. 做事情喜欢许多事情同时进行。

比如,有一些孩子习惯于一边写作业一边吃东西,或者是一边看电视,一边吃东西……因为没能做到一心一意,因此,他做什么事情都拖拖拉拉,缺乏效率。

3. 做事情没有主次观念,缺乏条理性。

有时孩子分不清什么事情是主要的,什么事情是次要的。比如做小制作与做作业,很明显,做作业是主要的,应该先完成,而小制作是次要的,而且比较花费时间,应该等作业做完以后再做。可他偏偏不是这么安排的,非要先做小制作。因为小制作花费的时间多,所以他往往是一边做一边着急,这样既耽误了时间,又没有把事情都做好。

4.缺乏时间观念。

缺乏时间观念是很多孩子的通病。比如,周末的作业,他原本可以星期六早上就完成,但一心贪玩,就把作业放一边了,等到星期天晚上,实在拖不下去了,才开始做作业。这个时候,一大堆的作业一起做,心里着急,难免就乱作,于是越做越错,越错越做,心浮气躁,更没有办法集中精神了。

还有的孩子好拖拉,本可以一个小时完成的作业,他偏偏这里坐坐,那里碰碰,拖到两个小时乃至三个小时才完成。注意力不在学习上,怎么能做到专心致志呢?

生活中影响孩子专注力的不良习惯还有很多,作为家长应该认真观察,找出影响孩子注意力的各种坏毛病,加以修正,加以训练,慢慢就能让孩子改变坏习惯,形成好习惯。

一般来说,对孩子行为习惯的教育要抓住两个转化,即从认识向行为的转化,从行为向习惯的转化。对已经形成不良习惯的孩子,要抓住三个转化,即从不良行为及错误认识向正确认识的转化;正确认识向正确行为的转化;正确行为向良好习惯的转化。对已形成不良习惯的孩子,家长要更耐心。因为孩子由不良习惯转到正确行为,既需要提高认识,又需要行为矫正。特别是需要孩子的意志努力和家长的严格训练。

魔力悄悄话

只有专注,你才能把你所有的时间和智慧都凝聚在你想要做的事情上。你会竭尽全力,即使遇到困难,也能勇往直前。而一个做任何事都虎头蛇尾的人,即使立下凌云壮志,也只是黄粱美梦,因为"欲多则心散,心散则志衰,志衰则思不达也"。

专注使学习更优秀

在战国时代的齐国,有一位著名的下棋能手叫奕秋。由于奕秋的棋艺高,名气大,从各地慕名而来的学生很多。

有一次,奕秋同时教两个智力差不多的徒弟学习下棋。在学习的过程中,一个学生精力集中,认真地听奕秋讲下棋的要领,观察奕秋下棋的步骤……每天想的、看的、听的、做的无非都是下棋的事情,结果棋艺进步非常快,只用半年时间,就成了全国下棋的高手。

另一个学生呢,在奕秋讲棋艺的时候,他端坐在那儿,似乎也听得很认真,实际上他心里老想着其他的事情。比如,天空有一只天鹅飞过,他就想,如果我有一把弓箭的话,那该有多好,我就可以拉起弓来把它射下来呢!老师说的话,他根本没有听进去。在奕秋下棋时,他也不认真观察,总是忽而玩玩这个,忽而张望那个,这个学生学了好久,也没有把下棋的本领学到手!

为什么同样是跟一个老师学习,一个学得好,另一个却学不好呢?原因很简单,这是因为一个在学棋的时候专心致志,而另一个心思不在学棋上,因为不专注,故而没学好。学习技能是这样的道理,学习知识更是如此,一个人如果不能够集中精力于自己手头的事情,就别指望他能认真学习,取得优异的成绩。具体表现在:

1. 注意力不集中影响思维敏捷性、思维速度和书写速度。

由于学习和做事很容易分心,注意力不集中的孩子很难进入最佳思维状态,所以在写作业时就遇到了障碍,首先就是很多题目不会做,速度自然很慢;同时在写作业时也很容易分神,常常是眼睛停留在作业本上,脑子却没有去思考。因此,他们完成作业的时间与一般速度的同学比,要多花40%~60%的时间,因而学习的负担就会比别的孩子重。这样会失去玩耍、运动、课外阅读的许多时间,孩子的学习很难进入良性循环。

注意力不集中除了在小学阶段会导致思考和书写的速度大大降低外，到了中学，学科内容成倍增加，学习速度慢的孩子就更感觉困难，完全掌握不了主动权，学习肯定要落在别人后面。成绩差就容易失去学习兴趣和自信心，成绩就会更差。结果，注意力就更加不集中，造成恶性循环。

与注意力不集中影响学习成绩相对的是，如果孩子的注意力集中，专注力强，那么，他的学习效果必然好，他的学习成绩也必定优秀。

有这样一个成功的案例：

有个心理学课题组在某小学六年级找了两个学习成绩差不多的班级。

第一个班的同学相对比较自由，上课的时候可以做小动作，可以转到后桌讲话；而第二个班里却有一个硬性的规定，要求所有的学生"回头率"要为零。所谓"回头率"就是学校领导在上课或自习课时从教室门前、窗下走过时，学生转头、抬头的情况。

一个学期过去了，第一个班级学生的成绩与以往相差不大，但第二个班级学生的成绩却有了突飞猛进的变化，他们班的平均分93分，居整个地区之首。实验结果令学校的老师和实验员都惊叹不已。

这个实验充分证明了"专注"的重要意义。因此，作为家长，要想让自己的孩子取得卓越的成绩，首先应该从重视培养一流的专注力开始。让他们懂得并努力做到：专注地上好每一节课、做好每一次作业、背好每一段文章、画好每一幅画、练好每一个动作，那么他就有可能达到自己想要达到的目标。

2. 学习效率低。

有很多孩子每天晚上的作业都做到10点、11点，甚至更晚。由于作业很晚才做完，他们几乎没有时间和精力去复习和预习了，而且精神状态很差，形成恶性循环，到了课堂上就会昏昏欲睡，哪能专心听讲？学习效率之低就显而易见了。

3. 不专注，一遇到困难就半途而废。

注意力不集中的孩子，很难专注于学习或某项课外活动（除非是他们非常喜欢的事情），稍微遇到一点困难就不愿意继续坚持，他们喜欢说"哎哟，太难了，我不行的，算了吧"。如果家长或老师轻易顺从他们的畏难情绪和习惯,久而久之,他们就会越来越懒于动脑,也越来越没有信心和恒心了。

4. 很难胜任难度大的学习。

一般说,解难度大的题需要持续思考较长的时间,好多孩子因为不能持续地思考一个问题,所以解难题很难成功。

培养专注力应遵循的原则

孩子的专注力培养,应遵循孩子的身心发展规律,因此,在训练过程中,要把握好几个基本原则:

1. 从简到难,难易结合的原则

注意力不集中的孩子往往有畏难心理,所以训练过程中,应该首先遵循"从简到难"的原则,让孩子觉得这些训练通过努力是可以做到的,也是可以做好的。

但是,如果一直都停留在简单的训练项目上,就容易产生心理疲劳和行为懈怠,因此,还要精心设计一些难度比较大的内容,比如足球游戏、逻辑推理训练、神秘箱游戏、走出迷宫、即兴编故事等,既可以让孩子保持持续的好奇心和兴趣,也有利于培养他们注意力的持久性与克服困难的意志力。

2. 固定内容与变化内容相结合的原则

心理专家认为,对于大多数孩子来说,专注力训练至少需要3～6个月的时间才能取得比较理想的效果。在这个过程中,根据系统训练的整体要求与孩子的实际情况,可以把训练内容分为两大类:固定内容与变化内容。固定内容是指每次训练或每天训练内容中必须坚持的,贯彻整个训练期的始终;变化内容主要是指每个星期变化一次的内容。

实践证明,固定内容与变化内容相结合,一方面能够帮助孩子懂得长时间地坚持做好一件事情是注意力集中和有意志力的表现,另一方面通过定期变化的内容从不同角度、不同途径训练注意力,保持孩子对训练的兴趣和积极性,以达到最佳的效果。

3. 阶段性与持续性结合的原则

阶段性指的是在某一时期(比如1个月、3个月、6个月或更长一些)由家长或专业训练师帮助孩子进行注意力的系统训练。在这个阶段,每个星期在固定的时间、固定的训练地点,根据训练计划有序地实施训练。

4. 科学性与趣味性结合的原则

注意力训练首先要体现科学性,也就是说,所采用的方法,必须有心理知识和其他相关知识作为依据,必须符合被训练者的认知水平和身心发展规律。趣味性是指在训练过程中力求避免枯燥无味,所采用的方法尽可能有趣、新颖,能够充分调动孩子的注意积极性和训练积极性。

5. 先肯定后建议的鼓励原则

也就是在训练过程中要以鼓励为主。每次训练都有指导、有要求,也有反馈(包括孩子自己、家长和老师对孩子的评价),尽可能着眼于孩子的进步,哪怕是很微小的进步。在肯定的基础上,将孩子在训练过程中的不足以及在家里、在学校里表现不佳的地方客观地指出来,让孩子感到:我在进步中,我已经得到肯定,但是我也还有不足,还需要继续努力。

比如在注意力训练初始阶段,可以让孩子说这几句话"我可以,我能够做得更好;我可以,我能够记得更牢;我可以,我能够更专心地听课""把一件简单的事情坚持做好就是不简单"等等,而训练师或家长也要给予孩子积极的暗示:"你试一试,会进步的,我相信你""再来一次,超越自己好吗?"等。以后每次训练都会根据实际需要给予一些心理暗示的话语,要求孩子在短时间内记好记牢,既起到积极提示、不断补充心理能量的作用,也起到锻炼记忆力的作用。与此同时,也根据这些心理暗示的具体内容,设计、安排相应的行为训练(包括趣味游戏活动训练),让孩子在行为训练和游戏活动中不断强化注意力,逐渐把专注培养成一种习惯。

魔力悄悄话

心理暗示是人们日常生活中最常见的心理现象。它是人或环境以非常自然的方式向个体发出信息,个体无意中接受这种信息,从而做出相应的反应的一种心理现象,心理暗示也是一种非常重要的心理技术。在注意力训练过程中,心理暗示时时都在发挥着微妙的作用。

专注使记忆更深刻

一目十行、过目成诵是很多优秀人物具有的一个共同特点，例如，中国古代张衡就有"一览便知"的本领，《后汉书·张衡传》描写说："吾虽一览，犹能识之。"这并不是说这些人拥有特异功能，而是他们在阅读时能够集中全部注意力，全身心地投入。

让我们看以下这则故事：

有一位经验丰富的心理学家听说某著名的心算家能准确快速地心算出不管是专家还是观众出的任何复杂习钻的算题后，为了难倒他，这位心理学家兴致勃勃地前往心算家的住处，出了下面的一道算题："有一辆满载旅客的列车，出站时车上共有312名乘客，后来列车到达一处车站，下去18人，上来54人，列车又到一站，下去81人，上来44人，列车又到一站，下去23人，上来50人，列车又到一站，下去67人，上来35人，火车继续往前开，到了下一站，下去12人，上来9人，接着列车又到一站，下去54人，上来66人，列车又到一站，下去17人，上来24人，列车又到一站，下去78人，上来85人，列车再到达一站，下去94人，上来56人，接着列车到达了终点站。"当这位资深的心理学家快速、准确、清晰地讲完上题后，心算家马上准确无误地把列车到达终点时在车上的人数说了出来。心理学专家却说道："我不是问你到达终点的乘客有多少，我想问你列车在这期间一共停靠了几站？"这位著名的心算家顿时张口结舌，回答不上来。

出题的心理学家利用心算家习惯的心算定势——只将注意力集中在数字上，故意用表面上并不比往常复杂的数字将心算家的注意力吸引过来，而在运算过程中丧失了对火车途经车站的计数——注意力旁落就记不住，记忆专家也一样。所以，只有集中注意力才能记住想记的东西。

方法力——为有源头活水来

有人说:"哪里有注意力,哪里才会有思考和记忆。"专注是记忆的基础,记忆力训练首先是专注力的训练。斯特纳夫人就是这样做的。

宾夕法尼亚州匹兹堡大学语言教授斯特纳夫人很注意教育自己的女儿,她从小便对女儿进行专注力的训练。比如,她经常和女儿玩一种"留神看"的游戏。每当路过商店门口后,她便问女儿:"该商店里陈列橱窗内摆的是哪些物品,让她数出记忆中的各式商品。能说出越多,就打分越高。"这样训练很有效果:当女儿5岁的时候,在纽约肖特卡大学教授们面前,她把《共和国战》朗诵一遍就能一字不差地复述下来,令教授们大吃一惊。斯特纳夫人说:"我这样做,是为了让她注意事物,养成敏锐地观察事物的习惯。"

只有注意事物,专心观察,才能记忆深刻。因此,对孩子记忆的训练应该从如何提高他的注意力开始。

真正的"记忆术"就是"注意术",因此,要想你的孩子拥有良好的记忆力,请不要忽视孩子专注能力的培养。

魔力悄悄话

一个人在记忆时越是聚精会神,大脑皮层越能够留下深刻的记忆痕迹而不容易遗忘。如果一个人精神涣散、心不在焉,就会大大降低记忆的效果。在日常生活中,我们之所以总是很容易把自己曾经看到的、听到的东西忘掉,就是因为没有给予它们足够的注意。